叶赛宁书信集

[俄] 叶赛宁 著　顾蕴璞 译

海豚出版社
DOLPHIN BOOKS
CIPG　中国国际出版集团

图书在版编目（CIP）数据

叶赛宁书信集 / (俄罗斯) 叶赛宁著；顾蕴璞译
. -- 北京：海豚出版社, 2019.8
ISBN 978-7-5110-4338-2

Ⅰ. ①叶… Ⅱ. ①叶… ②顾… Ⅲ. ①叶塞宁(
Yesenin, Sergei Alexandrovich 1895-1925) – 书信集
Ⅳ. ①K835.125.6

中国版本图书馆CIP数据核字(2019)第002773号

叶赛宁书信集

[俄]叶赛宁 著　　顾蕴璞　译

出　版　人	王　磊	
责任编辑	梅秋慧　张　镛	
特约编辑	诸　菁	
装帧设计	韦存义	
图片翻译	王亚维	
责任印制	于浩杰　蔡　丽	
出　　版	海豚出版社	
地　　址	北京市西城区百万庄大街24号	
邮　　编	100037	
电　　话	010-68325006（销售）010-68996147（总编室）	
印　　刷	北京彩虹伟业印刷有限公司	
经　　销	新华书店及网络书店	
开　　本	787mm×1092mm　1/32	
印　　张	11	
字　　数	183千字	
版　　次	2019年8月第1版　2019年8月第1次印刷	
标准书号	ISBN 978-7-5110-4338-2	
定　　价	68.00元	

译者序

谢尔盖·亚历山德罗维奇·叶赛宁（1895—1925），是在死后半个世纪才被追认是俄国诗歌奠基人之一和俄国两大诗歌传统的主要代表之一（另一人是马雅可夫斯基）的。20世纪90年代初后，叶赛宁作为"民族诗人"的地位更为突出。叶赛宁对俄罗斯大自然的亲近，对俄罗斯（尤其在俄罗斯农民这一层面上）命运的关注，对俄罗斯文化的洞悉，对俄罗斯语言的锤炼，这些经过时间的证实，已使今天的俄罗斯人对于20世纪20年代高尔基所给予他的"伟大的民族诗人"的评价有了共识。

叶赛宁于1895年9月21日（公历10月4日）出生在俄罗斯中部美丽的奥卡河畔梁赞省梁赞县康斯坦丁诺沃村的一个农民家里。13岁以前，叶赛宁在富裕的外祖父季托夫家度过了童年和少年，受到博闻强记、知书识理、善讲古老传说、爱唱民歌的外祖父的深刻影响。在外祖父家和整个乡村民间文学的氛围里，在美丽的自然和悠远的传统的背景上，叶赛宁的心田里早早地孕育起了诗的种子。他常常沉醉于充满诗情画意的乡野，耽于幻想与梦境，向往古老俄罗斯田园牧歌式的人间天堂。1909年，叶赛宁进入斯巴斯－克列皮克教会师范学校就学。1910—1912年，他初露诗才的锋芒，写出像《湖面上织就朝霞的锦衣……》《稠李花飞似雪片飞舞……》等咏唱美丽的家乡田野的清新迷人的诗来。1912年从教会师范学校毕业后，他只身去在莫斯科当店员的父亲处，当了一阵子店员，因不愿伺候老板娘而还乡。1913年，叶赛宁再次去莫斯科，任一家印刷厂的助理校对员，业余参加苏里科夫文学与音乐小组，常在工人中散发传单，参加工人的集会，遭到过警方的搜查和盯梢。由于深感自己文化素养不足，叶赛宁进入沙尼亚夫斯基人民大学，补修哲学、历史等课程。他的诗歌创作热情进一步高涨，但反映城市现实的兴趣很快被对家乡和童年的回忆所取代。身居城市而心驰乡村，叶赛宁以一种在别离后备觉珍贵的心情写出许多夺人心魄的优美抒情诗，这被城市的文艺沙龙刮目相看。娉婷的白桦、芬芳的麦穗、欢唱的溪水、镀金的针叶都谛听着诗人那颗恋乡爱国的赤子心的声音："假如天国朝我喊叫，'快抛开罗斯，住进天国！'／我定要说，'天国我不要，／只

须留给我自己的祖国。'"(《你多美，我亲爱的罗斯……》)

1915 年，叶赛宁由莫斯科专程去彼得格勒（1924 年起更名为列宁格勒，即今圣彼得堡）求见大诗人勃洛克，受到热情的接见。勃洛克听他诵诗后称他为"才气横溢的农民诗人"。从此，因师法勃洛克的抒情技巧和在得益于其举荐的优越条件下，叶赛宁很快成为闻名全俄的抒情诗人。1916 年，叶赛宁应征入伍，在皇村服役。1917 年二月革命爆发后叶赛宁才离开军队，同年，他的第一部诗集《亡灵节》问世。

由于新旧交替的历史转折所形成的种种复杂矛盾和由此而引起的个人生活中的几次婚姻悲剧，诗人的创作道路上始终是荆棘丛生、布满坎坷，甚至在写作富有革命热情的作品的同时，仍不时在诗篇中流露悲观绝望的情绪。在多首晚期抒情诗中，诗人想到了死，在长诗《黑影人》（1925 年）中，诗人用"黑影人"这个意象物化了当时主宰他的矛盾心态：使他身陷困境者的象征——黑影人时时处处缠着诗人，诗人想用拐杖痛打他，结果把镜子打碎了。诗人用象征手法向人民暗示：要摆脱绝境，就必须自我毁灭。1925 年 12 月 27 日，叶赛宁在抑郁症发作的情况下自缢于圣彼得堡一家旅馆，当时刚满 30 周岁。近年来，不断有人认为叶赛宁并非死于自杀，而是亡于他杀，理由是他的创作与言论背离并干扰了当政者的方针，但至今评论界尚未正式更改原有的结论。但就我所译叶赛宁书信含有的某些信息在我身上所产生的直观感受而言，新的结论更符合生活的逻辑。

叶赛宁是俄罗斯的乡村诗人，是俄罗斯的民族诗人，也是俄罗斯的悲剧诗人。叶赛宁的悲剧，不仅仅是他个人的悲剧，更重要的是乡村与城市关系处理上的悲剧，是传统文化与现实政治关系处理上的悲剧，带有鲜明的时代烙印，对后世各国文学艺术的发展都具有借鉴作用。

叶赛宁毕生忠实于俄罗斯的民族传统，他的审美理想始终与俄罗斯的乡村、传统和生态环境密不可分。俄罗斯乡村的枯荣、文化传统的兴衰、自然环境的变革时刻在左右着叶赛宁的诗歌创作灵感。由革命引起的在乡村及大自然方面的动荡变化招致了诗人一生的坎坷，造成他的悲剧归宿，赋予他的诗以一种忧伤的情调和悲剧的韵味。

叶赛宁的诗歌植根于俄罗斯民族的土壤，他通过形象的创造反映俄罗斯的历史和心灵，又从研究民间形象的创造来提高自己所创造的艺术形象的民族特质。他在谈到日常生活中的形象象征（毛巾上的绣花、屋顶上的小马、百叶窗上的公鸡等）时说："这是一部关于世界的出路和人类的使命的伟大的历史性史诗[①]。"他又说："我们的音乐和史诗是借助树木的符号而共同产生的[②]。""一切都起源于树木，这就是我国人民的思想宗教。[③]"由此，不难理解，为何树木等自然意象在叶诗的形象宝库中占如此重要的位置，为何诗的形象性与音乐性能够如此水乳交融。他通过对民歌和古典诗歌的研究得出结论："艺术家使词与词之间产生某种和谐，即词进入一个或多或少地相近的发音领域"。评论界赞扬叶赛宁在诗歌音乐性方面的突出成就："这种高超的艺术技巧，我们继普希金之后，也称之为莫扎特音乐般的精粹，莫扎特音乐般的令人着迷之物。[④]"

但是在新旧交替的年代里，叶赛宁基于民族诗歌传统在人与自然一体方面的艺术探索以及由此而派生出的认为革命的改造有违自然的本性的一时迷误，始终被许多人认为是守

[①] 叶赛宁：《玛丽亚的钥匙》，白伟译，载《国际诗坛》第3辑，漓江出版社，1987，第200页。

[②] 同上。

[③] 同上，第199页。

[④] 普罗库舍夫：《谢尔盖·叶赛宁（形象、诗与时代）》，载《叶赛宁评介及诗选》，北京大学出版社，1983，第77页。

旧或复古，是对新生活的反动。即使在叶赛宁去世之后，他的诗歌遗产仍长期被当作时代的落伍者的产物而遭到埋没。但诗人在生前并不屈服于任何压力，他在《波斯抒情》这部抒情诗杰作中表述了诗既要言志又贵创新，即既要与时代同步又要保持诗人自己在艺术上的独特追求的美学思想："做一个诗人，就要歌唱自由，／让自由的美名广泛地传扬。／夜莺歌唱，它不觉得难过，／它在把同一支歌吟唱。／金丝雀唱的是别人的声音，／它是可笑又可怜的小铃铛。／世界需要语言的歌吟，／独特得哪怕跟蛙鸣一样。"他在《致普希金》一诗中把自己的艺术探索与对普希金的民族传统的继承视为一体："虽然命定要受到排挤，／但我还将久久地歌唱……／好让我的草原之歌，／也能像青铜一样铿锵。"因为，诗人的抒情诗不但洋溢着对祖国和人民的感情，而且充满对大自然的感情。他的"草原之歌"定将像普希金的长诗《青铜骑士》一样万古流芳，永远在俄罗斯保持新鲜的艺术魅力。今天看来，叶赛宁歌唱自然的诗篇的艺术价值甚至超过了他歌唱革命的诗篇，请看他是多么富有保护生态环境的天才预感啊："啊，林中遮天蔽日的雾气！／啊，白雪皑皑的原野的快慰！／多么想把我的两只手臂，／嫁接上柳树的木头大腿。"（《我踏着初雪信步前行……》）"母牛同我侃侃谈心，／用点头示意的语言。／一片芬芳的阔叶林，／用树枝唤我到河边。"（《我是牧人，我的宫殿……》）

叶赛宁对大自然的一片痴情，虽然受到了人们一时的鄙夷，但得到了大自然的厚爱与回报。多彩多姿的俄罗斯大自然的意象在叶赛宁的诗中升华为各种色彩象征：蓝色象征宁静，浅蓝色象征愉悦感，鲜红色象征纯洁，玫瑰色象征浪漫情调，红色象征不安，鲜红色和玫瑰色的结合象征青春感，黑色象征忧郁，等等。同时，人与自然的完全融合，使得叶赛宁通过自己的心觉随时让视觉、听觉、嗅觉、味觉、触觉相互贯通或彼此融合，极大地提高了诗的表情能力："那天鹅的最后一唱，／抚慰你眼睛的彩虹。"（《山楂果又已红了……》）"这里仿佛歌声也具形，彩虹也发声"，"在天空这个蓝色碟子之上，／像一声犬吠，波涛闪出一道光。"（《变容节》）诗人在视觉之中出现了听觉，视觉和听觉在五觉之外的第六感觉（心觉）之中交织。

叶赛宁在诗歌，特别是在抒情诗上的突出成就，使他成为俄罗斯杰出的现代民族诗人。他的诗成为上继普希金下接苏维埃70年诗歌的重要环节，几乎所有现代俄国大诗人都从他的诗艺汲取过营养。当代著名俄罗斯诗人多里佐说：

"我不能设想我的青年时代可以没有叶赛宁，正如不能设想俄罗斯可以没有白桦一样。他属于那些也许几百年才产生几个的诗人，他们不但进入俄罗斯文学，而且已经进入俄罗斯的风景，成为它不可分割的一部分……"[1]

顾蕴璞

---

[1] 多里佐：《关于诗人的话》，《青春》1965 年第 10 期第 69 页。

目录

附录（文论集）

我在家。没什么书可读……

致格·安·潘菲洛夫[1]

1911 年 7 月 7 日，康斯坦丁诺沃

亲爱的朋友！

格里沙[2]，难道你忘记自己的话了，你说过，我们要经常通信，可你突然就不回我的信了。为什么呀？请给我解释其中原因。我的家人都外出割草去了。我在家。没什么书可读，就打打槌球，稍稍做点家务事。我在莫斯科待了一星期，后来就离开了。我在莫斯科曾还想多待些时间，但家庭境况不允许，我一共买了 25 本书，10 本书给了米契卡，5 本送给克拉夫吉。他拿了，我很高兴。其余的书都让我们村里的中学生拿走了，因此我一本也没有留。

---

[1] 格里戈里·安德列耶维奇·潘菲洛夫是叶赛宁的挚友，他在读斯巴斯—克列皮克教会师范学校时的同学。

[2] 格里戈里的爱称。

1

急于尽快从这个地狱走开……

致格·安·潘菲洛夫

1912年6—7月，康斯坦丁诺沃

我急于想告诉你，你的信我收到了，我很感激，谢谢你的祝贺。

格里沙，你为没能和我告别感到遗憾。我也很遗憾我们未能最后再谈一次，但有什么办法呢。我急于尽快从这个地狱走开，因为我担心自己的脑袋。毕竟叶皮番诺夫对我作了恶，在我的大箱子上倒上了煤油。对你信上所提到的他们的游逛，我一点也不感到惊奇，因为我确信会发生这种事，而对于吉朗诺夫的愚蠢举动，我视为反常的行为。他经常疯疯癫癫的。大概他身体里驻着一个罗斯军团，因此他不妨请一下自己的天使，让他来治好他。而雅可夫列夫是个真正的白痴，我深信他不会有什么出息的。现在他已中学毕业，但也不管用。而卡拉布霍夫真是个废物和下贱东西。这件事就谈论到此吧，我们来谈谈别的。我们这里正在建水闸①，云集了许多工程师，我们的男子汉和小伙子们正在干活。男子汉一天付给 1 卢布 20 戈比，小伙子们一天付给 70 戈比，而且他们夜间还干活，报酬相同。已经建好了一半，然后还要在我家旁边铺一条铁路。

我是在他家里遇着米契卡的。我的书很少，我全都读过，再也没有了。我从米契卡那里借了一些书，只剩八九本没读。不久前我去钓鱼，逮了 33 条。请你给我一家报馆的地址，并给我出出主意，往哪里投我的诗好。我把它们抄好了。有几首删掉了，有几首修改了。例如，《凭年轻诗人的心》②这首诗的最后一节我是这样更换的：

请你回答我的祈祷，

在祈祷中我想向你请求。

我将为你唱几支歌曲，

我要在诗中把你欢呼。

———————

① 指 1911—1914 年间在叶赛宁家乡奥卡河上的一项工程。

② 此诗至今仍未找到。

我把《春天的进攻》[①] 删掉了。

朋友，你给出出主意往哪儿投。我要把它立刻寄走。代我向佩利科夫致意。再写不知该写什么了。我依旧是爱你的，朋友。

叶赛宁

俄国城市康斯坦丁诺沃

① 此诗至今仍未找到。

日子过得连自我都感觉不出来了

致格·安·潘菲洛夫

1912 年 8 月，莫斯科

亲爱的格里沙！

你的来信收到了。它是从家里转来的。我能看出，你生活得并不比我好。你也在受精神上的折磨，你无处可以去倾诉，无人可以交流一下涌上心头的感情；你看一眼生活便会想：活着呢，还是死去？生活也太单调了，日子越过越难以忍受，因为一切旧事物变得令人讨厌，你渴望着新的、更好的、纯洁的事物去取代它，而这旧的事物太陈腐无味了。你想想，我生活得怎样，连自我都感觉不出来。觉醒后不久我会向自己提出这样一些问题："我是现在活着呢，还是我曾经活过？"我自己也想不到，为什么会形成这种生活，也就是这样：活着但感觉不到自己，也就是说像动物一样感觉不到自己的心灵和力量。我要采取一切措施，让自己醒过来。

这样地生活——睡觉，醒后短暂地自我意识——非常糟糕。我目前也不读书，不写作，但在思考。

我反正遇到了屠格涅夫的典型。

听我说吧！

（我现在在莫斯科。）在我离开莫斯科前两三个星期是建堂节。有不少宾客从四面八方来参加神甫①的晚会。我也在被邀请之列。在那里，我遇见了萨尔旦诺夫斯卡娅②（我为她献过一首诗《你为何呼唤 T.P.M.》③），安娜把我介绍给她的女友（玛丽亚·巴尔扎莫娃）。这次见面对我也产生了影响，因为三天之后她走了，最后一个晚上在花园里求我做她的朋友。我同意了。这位姑娘论心灵和品质是屠格涅夫的丽莎（《贵族之家》），只有宗教观点除外。我和她作了告别，懂得即使遇到另一个同样的女人时她也永远不会从我的记忆中泯灭。

20 岁以后我的身体开始好些。烟我已经戒掉了。

——————————

① 指伊万·雅各夫列维奇·斯米尔诺夫。

② 安娜·阿列克赛耶夫娜·萨尔旦诺夫斯卡娅，叶赛宁同学尼古拉·萨尔旦诺夫斯基的妹妹，叶赛宁曾献给她一首诗《山那边，黄色的深谷那边……》。

③ 此诗至今仍未找到。

我不久以前写了《水滴》。克雷敏诺夫①复活了，但很快又会死去。

珍珠般的水滴啊，绚丽的水滴，
你们披着金色的阳光多么漂亮，
可在悲秋的时节，凄凄的水滴，
你们洒落在湿窗上又何等悲凉。

在忘情的生活中欢乐的人们哪，
你们在旁人眼中多么高大伟岸，
可在沉沦的昏暗里受尽冷落，
在活人的世界上找不到慰安。

秋雨的水滴啊，你们把多少苦涩，
飘洒在人们满怀愁绪的心上，
你们悄然滑过玻璃窗时还徘徊着，
仿佛在那里仍寻觅往日的欢畅。

---

① 伊万·克雷敏诺夫，据叶赛宁称，是第一个教育他爱乡村的人。

受尽折磨、身遭不幸的人们哪，

你们带着内心的伤痛直到暮年，

对难以忘怀的往昔的美好光阴，

如今你们仍频频地把它呼唤。

　　莫斯科，希波克，克雷沃夫商店。寄亚历山大·尼基托维奇·叶赛宁，也可寄给我。

爱你的叶赛宁·谢

在诗中，
我要折辱陷入恶行泥淖的盲从世人

致格·安·潘菲洛夫

1912 年秋，莫斯科

亲爱的格里沙！

我接到了你的信。谢谢。

商品说明书在你求我之前我就给你寄走了 ①。寄费分文也不要，因此你不该求我让你用邮票支付。在你我之间不应算任何账，这样我们才能成为朋友。

如果你愿意，我可以写信把你介绍给巴尔扎莫娃，她很愿意跟你认识，迫不得已时哪怕用通信的方式也行。她想当女教师，决意要造福于备受折磨并被逐出世间的人民。

---

① 1912 年秋，叶赛宁在离开父亲之后曾到一家书店工作，一直到 1913 年初，他利用这个便利为朋友帮忙。

我还会寄给你一封奇怪的信。但你要理解其中所写的一切并写封信复一下我这页信纸。

爱你的朋友

叶赛宁

祝福我，我的朋友，从事高尚的劳动吧。我想写《先知》[①]，在诗中，我要折辱陷入恶行泥淖的盲从世人。如果你心中还保存什么想法，就请你把它们告诉我，作为必需的素材。给我指明我该走什么路，才能在这罪孽的一群中不致染黑自己。如今我向你起誓，我将遵照《诗人》[②]的境界行事。哪怕等待我的是屈辱、鄙视和流放。我将很坚定，就像怀着高尚功勋意识为神圣的真理一饮而尽盛满毒药的酒杯的我的《先知》那样。

---

① 此诗至今仍未找到。

② 《诗人》是 1912 年写在自己赠给格里沙的照片上的一首诗。

叶赛宁

观点变了，信念依旧

致格·安·潘菲洛夫

1913 年初，莫斯科

亲爱的格里沙！

很抱歉，复你晚了。关于我是否在某些方面变了的问题迫使我想了想并分析了一下自己。是的，我变了。我的观点变了，但信念依旧，而且更深地铭刻在我心灵深处。根据个人的信念，我戒食肉和鱼，诸如巧克力、可可、咖啡等奢侈品我不吃了，烟也不抽了。这一切很快将 4 个月了。对于人，我也开始用另一种眼光看了。天才在我看来是言行一致的人，如耶稣。其余所有人，除佛之外，都不过是陷入淫荡的深渊的浪荡子而已。当然，我对诸如别林斯基、纳德松、迦尔逊、泽拉托弗拉茨基等这些人还是怀有同情的。但像普希金、莱蒙托夫、柯里佐夫、涅克拉索夫这类人我是不承认的。当然，你是知道普希金的恬不知耻、莱蒙托夫的粗暴无知、柯里佐夫的谎言和狡猾，还有涅克拉索夫的伪善、牌迷和欺压家仆的。果戈理——正如别林斯基在他的著名的信[1]中所说，是个真正的无知使徒。而关于涅克拉索夫你甚至还可依据尼基丁的《致揭露者诗人》这首诗来评判[2]从前你曾对我写过波得莱尔和克鲁泡特金这类坏蛋，我们以后再谈他们。真遗憾，我们无法见面，否则我们可顺着次序来谈谈，而不是像在信中这么谈了。我要回家去过复活节，我不会放弃到你家去哪怕一天的希望的。不久前，我在工人中间用信件组织了一次宣传鼓动[3]。我每月在工人中间散发具有民主倾向的《灯光》杂志[4]。这是本很好的杂志，全年订价为 65 个戈比，你一定得订阅。过了复活节，我将在那里刊登作品。老兄，你努一把力，再写一张题签来[5]。如果你是寄在那封信里的，那就意味着它也完蛋了，它大概已不再存在了。

---

[1] 指别林斯基于 1847 年 7 月 15 日写给果戈理的那封著名的信。

[2] 后来，叶赛宁急剧改变了对伟大的俄罗斯作家的评价，在《自传》中指出先是莱蒙托夫和柯里佐夫，后是普希金和果戈理对他产生过巨大的影响。

[3] 指在工人中间散发《灯光》杂志的提纲。

[4] 1912 年 1 月—1913 年 3 月出版的一种刊物。

[5] 这里和第 8 封信中所提到的题签是贴在商品、书籍或稿纸上标明它的内容要旨的。

很遗憾，我不喜欢写信。否则，我会把感觉到的一切都发泄出来，格里沙，你告诉我，你在那里想做什么。我非常想知道，会发生什么事。

我给你抄一首由我国当代诗人柯列茨所写构思很好的诗：

向紫罗兰低垂自己的头，

你今天向我提了个问题：

"为什么它在白日的辉耀下，

会变得这样可怜和阴郁？"

孩子啊！诗人的心也这样

在夜幕笼罩的地方盛开，

而在鲜艳和光亮的地方

白白地显示美的风采。

爱你的谢·叶

世界是上帝的奥秘，
上帝是世界的奥秘

致格·安·潘菲洛夫

1913年初，莫斯科

亲爱的格里沙！

请原谅我这么久没有复你的信。我病过，和父亲之间发生过不愉快的事。现在解决了。我孤身一人。如今我将在没有外援的条件下生活。复活节之后，正如舅舅[①]告诉我的，我将去圣彼得堡，去他离芬兰不远的独自居住的庄园。唉，如今大概我什么亲人也见不着了。有什么办法！我争得了自由。现在我很少上他家去了。他告诉我，在他家我无事可做。鬼知道这是怎么回事。在事务所的生活越来越无法忍受了。怎么办呢？

[①] 即伊万·费奥多罗维奇·季托夫。

15

我写着信，两手激动得直发抖。我从来还没有体验过这么压抑人的痛苦。

我很忧伤……心灵的痛苦

时刻在让我撕心裂肺，

时间飞驰的枯燥声音

连让我喘息的机会都不给。

我一躺下，苦恼的思绪

便总是萦绕在我的脑海……

吵闹声叫我头眩目迷，

我该怎么办……我的心怀

本身就已经痛苦不堪。

从谁的身上都得不到慰藉，

我勉勉强强喘着口气，

周围的一切都野蛮和阴郁，

命运啊，你为何要委身于我！

无处可以让我安身，

生活痛苦而又贫困，

无幸福我活得多么苦闷。

格里沙，目前我在读福音书，找到许多对我而言很新的内容……基督对我来说是完美。但我不像别人那样信仰他。那些人信仰他是出于恐惧，不知死后会发生什么。而我则是纯真、圣洁地信仰他，像相信一个天生有光辉的智慧和高尚的心灵的人那样，像信仰一个追求对人仁爱的典范那样。

生活……我无法理解生活的使命，须知基督也没有揭示生活的目的。他只不过指出该如何生活，但是谁也不知道，用这种方法能够达到什么。不知怎的，柯里佐夫的诗不由得钻进了我的脑海：

> 世界是上帝的奥秘，
>
> 上帝是世界的奥秘。[①]

是的，但如果这是奥秘的话，就让它仍然是奥秘吧。但我们毕竟该知道，我们为什么活着。因为我知道，你不会说："为了死去。"你自己就曾经说过："反正我想死后有另一种生命。"是的，我也这样想，但它为什么是生命呢？为什

[①] 引自柯里佐夫的诗：《诗人（沉思）》，下一行有误，原是"上帝是生活的奥秘"。

么活着？向这种生命的种种梦幻和想望已献上了由蔷薇编织成的迷惘的花环。难道竟然不可能猜出来吗？

> 谁能告诉我并给我揭示：
> 沉默不语的植物在寂静里
> 所保守的是怎样的秘密，
> 哪里有双手创造的痕迹。
> 莫非一切是神圣的事情，
> 莫非是全知全能的声音
> 创造了富有生命的语言。

摘自我开始写的《死》①。

就到这里并再见。

---

① 此诗至今仍未找到。

20 世纪初期的莫斯科

我不是一个抽象的思想

致格·安·潘菲洛夫

1913年初，莫斯科

首先，真情比假意好。你认为你责怪得对吗？我所说的"你怎么在睡觉呀？"这句话刺伤了你。但您还是以看重真情和真诚为好。你可知道，我感到这点就说了出来。我总是感到什么就说什么的。干吗你要怀疑这句话呢？如果有什么不好的，我就对你说"不"。如果你感觉这很粗暴，那就对不起。我不会来请求你宽恕的。我说得很真诚，就像任何一个男子汉看到别人在磨蹭时都会说的那样。我说这些话不是要求你给我写详细的复信，而只是要求你回答我有没有接到书。我为这些书担心，因为寄出时没有对它们保价，而收据我全丢失了。

如果说你通过自己的信要求我都那么美丽、纯洁、高尚、委婉但却虚伪，那么，你要知道，这不是真诚，而我对你正

20

是这样（真诚地）说的。如果说我信中有什么触动了你的心弦的话，那么你要明白，我不是一个抽象的思想（这样或那样的），而是一个不乏感情、缺点和短处的人。你在我信中受到伤害，过错不在我，你不会分析，那是你的过错。如果我用 M.Γ.，那么，你瞧一下全句的结尾，并看一眼，全句是对谁说的，可不可以这样称呼两个人。不是我伤害了你，你伤害了你自己和我，而且把我伤害到落下委屈的眼泪的地步。你明白吗，这个时候你的理想到哪里去了？要么在这个时候它偏离开你了，要么是你偏离开它了。我不知道，但我看得见。针对你这些话，我本可以像拉赫梅托夫（车尔尼雪夫斯基《怎么办？》）那样对你说："你不是坏蛋就是撒谎者。"但我不愿意说，也不特别心平气和，并且知你很深，把你当作最好的朋友看重你。反正侮辱的伤痕已留在我的心中。在所有信中没有比这封信更坏，更令人伤心的了！首先，你谈到像巴尔扎莫娃和照片这些死板的要求对你有失体面。在这里，如果该发生什么，那么，一切都是朝着利己主义方向的。你想成为空想家和社会的对手，自己却严格顾全着社交界的体面，乐意为了它而破坏友谊的一切原则。如今已经不是友谊，而是可怜巴巴的摇摇晃晃的神气。也许，只要遇到小小的矛盾它就会崩溃的。

我不要求你回信。因为，也许你会感到不愉快，你不会认为自己有责任，是咎由自取。不知为什么忧郁的诗行钻进我的脑海：

> 花儿凋谢了，灯光燃尽了，
>
> 漆黑的夜，像墓一样暗。[①]

---

① 引自纳德松的诗《我的缪斯死了！……》。

周围的一切都痛苦不安

致格·安·潘菲洛夫

1913年2—3月，康斯坦丁诺沃

亲爱的格里沙！

很抱歉，好久没有写信了。（我们会忘记过去，营造共同和睦的氛围的。）格里沙，现在我在家里。我是怎样来到家里的，在这封信里不可能解释清楚。不过，巴甫洛夫知道这一切。知道吗？格里沙，你尽快给他写封信。这是他求我做的。现在，我被断绝了一切关系。周围的一切都令我痛苦不安，一切都令我感到难受和不快。我不知道，这种本能的状态会不会持续很久。我陷入父亲的困境中去了。可惜的是，我还很年轻！

怎么也摆脱不了困境。

我不知道该写些什么，头发沉，沉得像块铅。酒神在我的嘴和脸上横冲直撞。

我满怀郁郁寡欢的心情。很快我就要去梁赞了。听我说，你给巴甫洛夫的信上附一笔，说我等一等再给他写信。但是我，你对他说吧，对一切都很满意，我很高兴他精神上的转变以谦恭的悔过告终。对这件事我丝毫也不会埋怨的。

其余一切我以后再向你解释。

你寄一张题签纸来。我花了2个卢布25个戈比买了一本纳德松诗集，和希特洛夫的一模一样，只不过是棕色的。

头疼得很厉害。

你问问他竞赛的结果怎么样。

谢·叶

叶赛宁

关爱并怜悯人们吧

致格·安·潘菲洛夫

1913 年 4 月 23 日，莫斯科

　　亲爱的格里沙，因为没有履行诺言而向你道歉。环境，老兄，环境作了梗。句号和逗号站在路上，把道路阻塞了。这些话你准觉得很怪，但，很遗憾，唉！——这是真的。

　　总之，我戒掉了肉，鱼也不吃了，糖不吃了，我想从身上扔掉一切皮衣，但我不愿戴上"素食者"的头衔。这有什么用？何必呢？我是个认识真理的人，我不再想带着基督徒和农民的绰号，我为什么要贬低自己的尊严呢？我就是你。我在你心中，你在我心中。基督也想过证明这同一件事，但不知为什么没有直接对人说，而是对神父，而且是对天上的神父（在他的名义下讽喻着整个大自然的王国）说的。难道这些愚蠢的名称不觉可耻，不有损尊严吗？人们哪，看一看你们自己吧，基督们不是从你们生成的吗？你们不也能成为基督们吗？难道我愿意时就不能成为基督吗？难道你也不会走向十字架，据我对你的了解，不会为了他人的幸福而死吗？啊，格里沙！我们的生活多么荒谬啊！它从摇篮里就把我们扭曲了，出世的不是真正真诚的人，而是些畸形的人。环境，如我开头说的，到处必须具备环境，万事都是有前因即有后果。没有前因，不可能存在后果；而没有后果，也不可能存在前因。如果人在对待"我"和"你"的态度上没有悟，就不会有基督存在，就不会在充分完善善行的前提下有导致灭亡的十字架和绞刑架存在。你就看一看吧，是谁在把人的手脚钉上十字架呢？难道不是你和我吗？手脚被钉上十字架的又是谁呢？还是我和你。只有头脑和心灵有病的人才感觉不到这一点。你设身处地地把自己摆在我们或别人的位置上，检验一下你自己，会不会做别人做了的事，你如把自己放进相同的环境、相同的理解程度，你就会看到"我是你"这句话合乎事实的论据。

人们把我当作疯子，曾想带我去看精神病医生，但我让他们都见魔鬼去，我还活着，虽然有些人害怕接近我。你懂得这么多难受吗，但还得容忍，还得厚爱自己的敌手，为他们祷告。因为如果我置身在自己敌手的位置上，处在他的环境里我也会这样做的。

是的，格里沙，关爱并怜悯人们吧，不管是罪犯、坏蛋、撒谎者、受苦者或遵守教规者。你过去和现在或许是其中任何一个。也关爱压迫者吧，对人们生活上的毛病不要折辱，而要用抚爱去揭露。不必躲避从上层下来，因为你不感觉一下下层，你就不会理解它的概念。只有分析了一个人的生活，处在他的位置，才能理解他。所有的人都有同一个心灵。真理就该是真理，它没有证据，没有界限，因为它本身就是始末。在生活里必须有寻找和向往，没有寻找和向往就会死亡和崩溃。人如果不转入某种环境，如果不体验某种程度的本人独有的怀疑，便无法认识真理。没有世界就没有真理，没有真理就没有世界，因为世界来自真理，而真理则来自世界。尘世的财富和我有什么相干？为什么我要嫉妒拥有天才的人呢？我是你，你能理解的一切，我都能理解。你在真理上富有。我也能获得你的心灵所拥有的东西。有生命的语话唤醒了睡着的心灵，让它感到它自己的贫乏，它一经觉醒，便抬起它那因真理之光而夺目的眼睛，再也不闭上它，因为黑暗在前面准备着一次次攻击，而寂静无声必将带来苦难；它定将大胆地走向真理、善良和自由。

它就是人的生命之谜。扔开怯懦吧，破除对年岁的观点吧。少数才能超众的人的智慧和禀赋不可能垄断智慧，每个人都聪明，人各有智，每个人应有同一归宿，对每个人都运用同一条真理：我是你。谁能理解这一点，谁就不会再有不解之谜。假如人们，特别是有学问的人，懂得了这一点，那么，大地上就不会流血，兄弟就不会成为兄弟的奴隶了。人们不可能通过暴力来恢复这一真理，因为这已不是真理，而真理是要用真理来认识的。活着，仿佛就应当像死去那样，因为这才是对真理的最好向往。

人啊！你想想，当路上存在预示着灾难的创伤的时候你的生命算什么生命啊！富人，你看一眼你的周围吧。呻吟和哭声盖过了你的欢乐。近旁听不见呻吟的地方才有欢乐。生命总处在相反的轨道上。幸福是不幸者们的命运，不幸是幸运儿的命运。任谁的心灵也不可能感觉自己的痛苦，而我的痛苦也就是你的悲伤，你的悲伤也就是我的痛苦。我虽遭受着痛苦，但能为你那过得富裕并享用着真理的生活感到快乐。这就是生活，而生活的使命就是真理，真理决定使命，哪里有 A，那里就有 $\Omega^{①}$，在哪里开始，就在那里结束。

———————

① 希腊文第一个和最后一个字母。

心儿疲惫地受恶的煎熬，

里面真理多，欢乐却很少。

是的，格里沙，在人世间艰难得很。虽然我想跟你谈谈自己，却谈到别人那里去了。真理之光诱我奔向了家园。在那里好得多，在那里呼吸更自由，更不受拘束，在那里感觉不到那种痛苦和在邪恶与放荡的黑暗里笼罩着一切人的良心谴责。

本想谈一谈它（真理），而且只要减轻一下心灵的负担就行了，可是你一做什么事，就感到无比的幸福。人世的快乐是无限的，可惜，它被文化停滞时代的庸俗行为破坏了，于是又沉重难熬起来，不得不说：

花儿凋谢了，灯光燃尽了。

漆黑的夜，像墓一样暗。

叶赛宁

厄运的打击

致格·安·潘菲洛夫

1913 年 6 月 16 日，莫斯科

亲爱的格里沙！

　　请原谅，我这么长时间没有给你写回信。发生了一场全面的纠纷！父亲剥夺了我的一切，我至今还没有跟他和解。当然，我并没有和他争吵，把什么都交给了他，自己却还陷入走投无路的境地。特别是没有钱使我感到窒息，但我仍然坚定地经受了厄运的打击，我对谁也没有求助，对谁也没有巴结。主要的是，困境从我身边过去了。现在我感觉已好些。你可要原谅我。我对你表示歉意，但你不知道这有多困难。就祝你一切如意吧。

　　我等你回信。

命运像个任性的小孩

致格·安·潘菲洛夫

1913 年 10 月，莫斯科

亲爱的格里沙！

为我打碎锁链，砸掉桎梏吧[①]，

戴着铁链多么难受和痛苦。

给我自由，日思夜想的自由吧，

我将教会你怎样热爱自由。

唉，我呀，唉，我呀！在你那美丽的远方的一角，你什么也看不见，什么也听不见。你那里，在你身旁，安宁而平稳地流逝着一天天非常幸福的时光。可我这里，寒冷的时光沸腾着、汹涌着，使我不得安宁。它在流逝的过程中不断接

————————

① 这是无名作者的歌曲《沿着尘土飞扬的道路驰骋……》歌词的改写。

33

到形形色色的真理之胚，把它紧紧搂入自己的怀抱，并把它带到天知道有多远的没有一个人会到的地方。你生气的是，为什么我这么久不给你写信，但是当我的嘴上，而且不单单是在我的嘴上贴上封条的时候，我能做什么呢？

> 罗斯啊，你受无情命运的驱赶，
>
> 因为和威廉姆[①]不同的罪过，
>
> 你的嘴巴向你的先知封闭着，
>
> 自由的话语却让我的蠢驴去说。

在我头顶上空密布着阴云，周围是假话和谎言。甜滋滋的幻想被击碎了，飞驰的旋风在可怜的循环中把一切带走了。终于，不得不说，生活真是"空虚而愚蠢的玩笑"[②]。命运在捉弄我。它像个任性的小孩，一会儿笑，一会儿哭。你大概从我如此可爱的父亲那里接到一封使你很不愉快的信吧，信中他狠狠地责骂了你。但我在这里并没有过错，是你的不慎差点儿没把我送进省税务局里去。我不是这样给你

---

① 威廉姆·莎士比亚。

② 引自莱蒙托夫诗《寂寞又忧愁》。

写的吗：改换一下信封和笔迹。有人在监视我，不久以前还搜查过我的住宅。在信里我不来向你解释一切，因为连一个大头针的头也瞒不过这些长官们和他们无所不见的眼睛[①]，不得不沉默。我的信件有人在读，虽然不撕开信封，但读得非常仔细。我再一次请求你，写信时要避免用尖锐的语气，要不然，无论对于你，还是对于我，结果都会是很惨的。一切事的原因我以后向你解释，至于何时解释，我自己也不知道。反正要等到这场大的暴风雨平息了之后。

现在我们来谈谈别的吧。你现在生活得怎样？我感觉自己很糟。心头沉甸甸的，一缕恼人的忧郁深深印在心里。如今带着火红的晚霞的夏天快要熄灭了，而我在印刷厂[②]的高墙后还没见过它。你无论往哪儿看，视线遇到的都是死气沉沉的寒石似的土壤，见到的只是那些灰色的建筑物和那条溅满了1905年牺牲者们的鲜血的五光十色的马路。这里有许多花园、花房，但它们和家乡的田野和森林相比又算得了什么。而且这里的人们完全不是家乡那样的。是的，朋友，理想主义在这里已过时了，不管你跟谁说话，你总会听到同样

① 引自莱蒙托夫诗《别了，藏垢纳污的俄罗斯》。
② 1913年春至1914年夏，叶赛宁在瑟金开办的印刷厂当助理校对员。

35

一句话："金钱——是最主要的。"如果你要反对，那么他们就会对你说："太年轻，太稚嫩，你过一阵子就会改变的。"他们预先就把你纳入小市民幸福的英雄们之列了，认为这是生活中最大的幸福。所有人都沉浸在自身，假如基督再度来到人世，那么他定会因为唤不醒这些沉睡的灵魂而再度牺牲的。

> 生活多不快，生活多难挨，
> 我的贫穷的生活苦不可耐。①

是的，我经常嫉妒你的朋友佩里科夫。大概，上天太爱他了，注定他年纪轻轻地就死去：像颗星星在拂晓前陨落有多好啊，但如今他已没了，已看不见了，四周一片黑暗：

> 啊，你，黑夜，
> 幽黑的夜，

---

① 引自尼基丁的诗《用铁锹挖了个深坑……》。

幽黑的夜，

秋天的夜。①

　　我的事不特别让人高兴。我进了沙尼亚夫大学历史哲学部。弄学费还得争吵一番。我不知道我将怎样维持下去，经济能力是如此单薄。我不知道你还在克列皮克待下来了，你该从那里脱身到外边来了。难道那种令人憋气的气氛不让你感到压抑吗？在这里，即使谈一谈别人也是可以的，也有可以听的内容。此刻，我想，这些半死不活的歪七扭八的字我可写够了②。真是难以忍受的烦闷。"全都是骗子和坏蛋。只有一个正经人，某市的市长，但就连他，说真的，也是只猪！"③索巴凯维奇这样说过。真的，我如今什么好人和好事也没有看见。

　　　　　　　　　　　　　　　　　　爱你的

　　　　　　　　　　　　　　　　　　谢廖沙

---

① 俄罗斯民歌。

② 这句话等于中文信中的"信写到此为止"的客套话。

③ 果戈理的长篇小说《死魂灵》中的人物之一索巴凯维奇的稍经改动的原话。

克里姆林宫大堤上的叶赛宁雕像

忧伤的梦幻充满了我的心灵

致格·安·潘菲洛夫

1913 年末，莫斯科

亲爱的格里沙！

忧伤的梦幻充满了我的心灵。难以忍受的寂寞中又给我一种压抑的情绪。我想没完没了地痛哭一番。所有已形成的希望全破灭了，黑暗笼罩了过去和现在。《枯燥的歌儿和忧伤的声音》使我不得安宁。我期待着什么，对什么将信将疑。神圣事业的幻想未能实现。计划都破产了，一切重又都留待《进一步的未来》的相信。它将昭示一切，但现实已经把它毁了。有过目标，有过不中用的图谋，可令人难受的力量把它们压下去了，然后组织了暴力的胜利的进攻。大家都差一点没死，但还都留在大陆上了。当然，你明白我对你所写的一切的意思。

米……科夫^①差点儿全都被打发到神圣的撒旦的地狱里去，但出现了混乱状态，于是一切又都照旧。对于沙皇什么事也没有，甚至没有一点暗示，倒是想要反对他们的，可是厄运欺骗了大家，只要朝霞还没有燃烧起来，专制主义还将统治下去。目前星星已暗淡下来，一层静悄悄的轻雾正在迷漫，而朝霞还没有微微发光，在这之前和在黑夜的统治消融以后总是会出现这种情况的。朝霞已经不远了，在它之后将会是光辉的白昼，我们在海边坐一下，等待好天气，海上汹涌的浪涛有朝一日会平息下去，于是可以不必担心地驾着一平底独木船荡舟于海上了。

墓旁悼念亡人

在柳树下这座简朴的墓穴里，

他身上覆盖着黄土在长眠，

带着纯洁的心灵，圣洁的激情，

带着火红的朝霞般的信念。

天赐的火焰已悄然熄灭在

---

① 无法确定在指谁，大概是指罢工和群众大会的参加者。

这位尘世受难者的胸膛，

谁也不懂其含义的阴影

永远留在了他的额头上。

他长眠着，柳树向他俯身，

把枝条垂挂在他的近旁，

仿佛它们陷入了沉思，

把他一人左思又右想。

听了传播忧思的风声，

远方皱着眉正在哭泣，

仿佛对早夭的可怜青年

大家都是感到无比惋惜。

我的住所遭到搜捕

致格·安·潘菲洛夫

1913 年末，莫斯科

亲爱的格里沙！

很抱歉，给你复信晚了。我一直在等着，好把刊登我的诗的剪报① 给你寄去，但看来还得稍稍等下去。以后我再寄给你。

你要我告诉你我发生了什么事。好吧，首先，我被登记在职业革命家名册中了，其次，我的住所遭到搜捕，不过目前还平安，就是这些。

我这里生活得也令人不满意。我想无论如何要溜到圣彼得堡去。莫斯科是个死气沉沉的城市，所有向往太阳和光明的人大部分都会逃离它。莫斯科不是文学发展的发动机，它从圣彼得堡借用一切现成的东西。这里没有一家真正的杂志，

---

① 指登载在 1914 年第 1 期《小天地》上的《白桦》。

肯定连一家都没有。只是些宜扔进污水池的刊物，比如《环球》《灯火》。这里的人们大部分是私欲熏心的狼。他们为了一个铜板可以出卖自己的亲兄弟。这里的一切都建立在娱乐之上，而这种娱乐则是用血的代价买来的。

是的，人们变得庸俗不堪。性情变坏了，其余的连谈都无从谈起。

你读过罗普辛[1]取自1905年的时代的长篇小说《没有发生过的事》吗？这是部极好的书。书中写了1905年革命者们并非做梦的狂放不羁的轻率行为。是的，格里沙，他们毕竟还是把自由往后推了20年，但见他们的鬼去吧，就让他们在这个世界上吃带罂粟花籽的疙瘩汤去好了[2]。此刻再也不知该写什么了。

　　　　　　　　　　　　爱你的谢廖沙

别因为我晚复你信而生我的气。照片往这儿寄吧。

_____

[1] 罗普辛是萨弗尼科夫的笔名，他所写《没有发生过的事》一书对1905年的革命作了诽谤性的描绘。

[2] 这句话是自食苦果的意思。

莫斯科的老照片

人们都是如此卑劣、野蛮

致格·安·潘菲洛夫

1914 年 1 月末，莫斯科

亲爱的格里沙！

我拖着疲惫的身子坐下来写信。最近我也累得倒下了。我鼻血流得很厉害，什么也无法止住血。好久没有去上班了，结果是严重的贫血。你求我找几本书，我找呀，找呀，没有找着。总之，在莫斯科所有的摊亭和图书市场上都找不到这家出版社出的旧书。主要是这些旧书尽用些方言土语，因此在你那里①还留了下来。总之我可以给你寄几本别的什么去的。

我没有给你写信，主要是因为心绪很不佳。因为什么——我马上就对你讲。

---

① 指乡下。

晚上我坐下来，按老习惯写东西，抽烟。突然铃响了。"哦！希托夫！你从哪儿来？""从老板那里来。""这是为什么？""想看一看你。""好吧，坐下来讲。"我和他聊了一个晚上，回忆起了你，当然一道喝了樱桃甜酒。第二天有人给我来电话。"对不起，先生，安德留沙去过您那里吗？""来过。怎么回事呢？""他是在这里偷了钱不见了。"傍晚希托夫来了。我开始斥责他并说，如果他不把钱还回去，我就不是他的同志了，因此没有向他伸出援助的手。他走了，并发誓再也不干这种事了。并且写（请求？）道：如果是我不对你可以说，但是，卑劣行为是瞒不过人的，于是我便告诉你了。任何解释我都不想作，我不想向环境妥协。在一切之中都有人的意志在，他便不再对我露面了。原来，他准备去做一切交易。我不要这种朋友。

这个星期我给你寄去一本刊登我的诗的儿童杂志①。

我有点伤心，格里沙。心情沉重。我孤身一人，举目无亲，孤身一人，无人可让我敞开心扉，而人们都是如此卑劣、野蛮。你离我太远，在信中我无法表达一切。啊，我多么想

① 研究家们认为这是指刊载《寒冬在歌唱，又像在呼号》一诗的儿童杂志《小天地》。

46

见你一面。

你的病让我很难过，本来不想对你提起它的，折磨自己的心灵是非常痛苦的事。

爱你的谢·叶

以诗择友

致亚·瓦·希里亚叶维茨

1915 年 1 月 21 日，莫斯科

亚历山大·希里亚叶维茨！

向您祝贺希里亚叶维茨的诗。我很高兴我的诗和您的诗刊登在一起。我从月报上和从《全世界》第 2 期上早就认识您了。您的诗具有和谢尔盖·克雷奇科夫、阿列克赛·李佩茨基和罗斯拉夫列夫的诗相同的优点。当然您与他们差别很大。他们有冒充类似色调的很美的赝品，但仍大异其趣。

请原谅我的坦率，但我从读您的头一首诗的时候起就爱上您了。在查尔朱① 您不可能接触我的诗，况且我在这个时候才发表作品。莫斯科的各个编辑部我跑遍了。看来，在月刊上我也将很快发表作品。

———————————

① 今土库曼共和国境内的城市。

48

我们这里还有个《银河》杂志。在那里，我多次谈到过您，他们请我邀请您。所选合作者的阵容很强。没有放过伊戈尔·谢维梁宁。如您舍得，就请寄些诗来，只是没有稿酬。您不会后悔的，杂志每月出一期，但出得相当不错。

顺便提一下，我手上还有您的诗——《城市现象》。请把最后一行诗修改一下。

"我会不会在外面花园里遇见所爱的人"请想办法重新修改成爱情不幸的主题。否则，这里太公式化了。

诗行"我怀着少女的思念做什么呢"是全诗最精彩之处。这首诗将在《人民之友》第2期上刊出。如果可以的话，我想向您要一张个人的名片。因为您还没有出诗集。

非常为您高兴：公主小姐把您的心灵从城市的羁绊中解脱出来①。您在远方是那样神奇和美妙。

握您的手。

您还会接触我的诗。它们也很接近您的和克雷奇科夫的诗。

---

① 这句话暗示希里亚叶维茨的诗《致尼古拉·克留耶夫》。

请回我的信。

尊敬您的

谢尔盖·亚历山德罗维奇·叶赛宁

于莫斯科巴甫洛夫第二巷，第 3 幢第 12 宅

十月革命前的俄罗斯

通过湍急的小河，通过幽暗的小林，
传不到呼唤的声音

致尼·阿·克留耶夫[①]

1915年4月24日，彼得格勒

亲爱的尼古拉·阿列克赛耶维奇！

　　我读过您的诗，和戈罗杰茨基没少谈论您，因此我不能不向您写信。特别是当发现我与您之间有着许多共同点的时候。我也是个农民，也和您一样写作，只不过是用自己的梁赞的方言。我的诗在圣彼得堡顺利地通过了，60首诗中被采纳了51首。《北方笔记》《俄罗斯思想》《月刊》等采用了它们。而在《生活之声》里有一篇吉皮乌斯用罗曼·阿连斯基的笔名所写关于我的文章，其中也提到了您。我很想

[①] 尼古拉·阿列克赛耶维奇·克留耶夫（1887—1937），俄罗斯"农民诗人"的主要代表。

与您谈谈许多问题，因为"通过湍急的小河，通过幽暗的小林，传不到呼唤的声音"。如果您已读了我的诗，就请给我写封短信谈谈它。秋天，戈罗杰茨基要出版我的书《亡灵节》。我也将参加《美》社^①。我很遗憾，我在这张明信片上什么也不能再说了。紧握您的手。

梁赞省梁赞县库兹明邮区康斯坦丁诺沃村

谢尔盖·亚历山德罗维奇·叶赛宁收。

---

① 是由戈罗杰茨基等人发起的"农民诗人"与作家的团体，参加者还有克雷奇科夫·希里亚叶维茨、克留耶夫、叶赛宁等人。

读了《春雪》想哭

致阿·米·列米佐夫

1915 年 4 月 24 日，彼得格勒

亲爱的阿列克赛·米哈伊洛维奇和绥拉菲玛·巴甫洛夫娜！

向你们和费奥多尔·伊万诺维奇三人致意。非常遗憾，我没有能上你们那儿去。我在一个地方得了寒热病，上下嘴唇都肿了。由于感冒嘴边起了泡，躺倒了两天，今天下午三点我离家外出。

非常感谢您送的书，阿列克赛·米哈伊洛维奇。我读了《春雪》，读完头几篇短篇小说我总是想哭。我的老乡也让我转达谢意。他太喜欢《小苹果》了。我向费奥多尔·伊万诺维奇深表敬意。关于杜勃罗恩拉伏夫我也带走了美好的回忆。

问你们大家好。

爱您的

谢尔盖·叶赛宁

叶赛宁

对学阀作风切齿

致伊·康·科罗勃夫 [①]

1915年5月4日前，莫斯科

亲爱的伊万·康斯坦丁诺维奇！

您看，我到过您家，但遗憾的是未能和您见面。

伊万·康斯坦丁诺维奇，我给阿列克赛·米哈伊洛维奇 [②] 写了封信，信中对我在《大家读》杂志中发表了我自己的《悲伤》表示道歉。我想，您还是理解我的，并没有谴责我。但不管怎样伤心，毕竟我碰到了像李夫金这样糟糕的人，他竟对我发难。尽管攻势不太大，但毕竟是攻击了。他从《银河》摘了几首自己的诗以及别人的诗，并且把它们寄过去，

[①] 伊万·康斯坦丁诺维奇·科罗勃夫：俄罗斯诗人，《银河》杂志小组的参加者。

[②] 阿列克赛·米哈伊洛维奇·切尔涅舍夫：诗人，《银河》文学艺术小组的领导人。

附了这样的声明："如果您刊发叶赛宁的诗，那么，我想，您一定也不会拒登我们的诗吧。"这真卑鄙，伊万·康斯坦丁诺维奇！在文学界人们都考虑到了他。他干吗，有什么权力支配别人的名字呢？我不想让你们中的任何人难受，但这封信读着简直令人羞耻。这种缠着别人要东西的人的"发表"是平庸的标志。他玷污了许多人的名字。这令我很难过。我义愤填膺。假如我看见他，一定会打狗似的把他痛打一顿。请告诉阿列克赛·米哈伊洛维奇，如果李夫金还待在《银河》杂志，那么就请把我的名字从工作人员名册中勾掉吧。我不想认识李夫金这类恶棍，我也不希望他来玷污我的名声。

很遗憾，伊万·康斯坦丁诺维奇，我不能单独和他见面。啊，否则我是会给他看到的。我很可怜柯洛科洛夫。我想，是玛丽亚·波佩尔自己钻进来的。

但如今他可得小心我。反正他现在在文坛已自毁前程。

有些事我曾在信中尽量解释过。有些事已经被证实。

那里① 将会刊出我的一位喜欢您的诗的同志对于您的评语，他特别喜欢《在榴霰弹的硝烟迷漫中》《真理啊，我能不能向您呼吁》等诗。

_____

① 指《银河》杂志。

您别对柯洛科洛夫说，也别对波佩尔说。这件事对他们来说将会很痛苦。我尽力将一切掩盖起来。我愿请您和他谈谈。因为我不是听见，而是亲自看见一切的。他真是个傻瓜，难道这件事能够不被发现。他是个下流坯。

祝您一切顺利，伊万·康斯坦丁诺维奇，我的地址是库兹明邮电分局，梁赞省梁赞县康斯坦丁诺沃村。

今天我就动身。请给我写信。

您的叶赛宁

母牛会害病，人们不会倒毙

致弗·斯·切尔尼亚夫斯基

1915 年 6—7 月，康斯坦丁诺沃

亲爱的瓦洛佳！

接你的信非常高兴。遗憾的是它没有马上就到我手中。我拆开它已太晚了。当时 K. 来我这里。我和他徒步去了梁赞，并到了一所离梁赞很远的修道院里。他对我们这里非常喜欢。我们总是在草地走。他在小丘山烧篝火，听手风琴。我还带他上街。姑娘们很使他喜欢。他如此喜欢这里，还想再来。我比在圣彼得堡时更喜欢他。现在我想到什么地方去。入秋以前已让我从军役解脱了。因为眼睛不合格才不要我了，开始是想征用我的。

我的诗写了很多。正着手写短篇小说，两篇已经写

好 ①。K. 说，短篇小说开发了我身上不少东西。看来，他异乎寻常地喜欢它们。许多诗他并不喜欢，更多的是使他叹服。他向我解释我的泛神论，还准备写文章。

真见鬼，意见分歧很有意思。这一点并不让我着急，但我很想知道，费洛索福夫和吉皮乌斯是站在哪一边的 ②。你知道，瓦洛佳，令我不安的是给他们寄去了诗，但不见回信。显然，我的草稿从来不保存的。因为钓鱼和射击比誊写有意思得多。你看一下六月号的《北方笔记》，正如 K. 所说，上面刊登了我的稿。现在只等《俄罗斯思想》了。我在《生活之声》中读到斯特鲁维的诗，两首诗 ③ 我都喜欢。在这些诗中，也像在你的诗中，有"冷淡的怀疑主义印迹"。我很快会给你寄点诗读读的。不过你要赶快给我回信才是。

我真的想要到什么地方去呢。亲爱的留里克，只有他一人留在那里了。

戈罗杰茨基总是打算给我写信，目前还没有写。克留耶

① 指诗人仅有的两个短篇，《鲍贝里和德鲁克》和《在白河旁》。

② 这个问题是由切尔尼亚夫斯基在 1915 年 5 月 26 日写给叶赛宁的信中提到在梅列日科夫斯基家所发生的事引起的。

③ 指该刊第 24 期上刊登的《春天又把道路开辟……》和《让千百年以来的创造统统毁灭吧……》。

夫写过，但我总是打算给他回信。我给留里克写信，但生科斯嘉的气，他不怎么理解我。母牛会害病，人们不会倒毙。

这里写上一首小诗给你。

我是一个很穷的朝圣者，

坐在一辆潮湿的马车里，

我常常歌唱万能的上帝，

像山中的小枭啼鸣不息。

在如丝似绸的盘子之上，

山杨树叶落得纷纷扬扬，

人们哪，你们不妨听听，

泥泞地扑哧扑哧的声响。

泛滥的河水像耗子

急急地窜向了草场，

吻着松树的根部，

把天国和春天歌唱。

我是个很穷的朝圣者，

仅在诗中我才活着，

一直沿着绿色的路，

我频频朝草丛躺卧，

甜甜蜜蜜地藏身在

那露水的珠串中间，

在我心上有盏神灯，

而耶稣就在我心间。

　　请告诉我，这首诗写得怎样，我也要理解一下别人。钢笔不好使，墨水干涸了。写起字来，只像掏泥塘似的。

　　至此再见。

爱你的谢廖沙

十月革命前的莫斯科

预支稿酬交学费

致德·弗·费洛索福夫 [1]

1915年7—8月，康斯坦丁诺沃

亲爱的德米特里·弗拉基米罗维奇。我很想在今年秋天到圣彼得堡去，因为我想出版两本诗集 [2]。我预感到，我将无钱坐车了。恳切地请求您把我的《圣使徒尼古拉》往哪儿刊登一下。也许，您能许诺在秋天前给我寄点钱来。我会非常感激您的。我很想顺路给沙尼亚夫斯基大学付点学费，因为我想在那里好好学一学。一个夏天我认真进行了准备。恳切地求您了。我怕在《北国笔记》和《俄罗斯思想》上预支稿酬会被认为是靠别人的钱过日子。我手头写了不少童话和短诗，但去圣彼得堡之前拿它们是烤不熟馅饼的。对《生活

---

[1] 德米特里·弗拉基米罗维奇·费洛索福夫（1872—1940），批评家、政论家，叶赛宁在吉皮乌斯的沙龙里和他相识。

[2] 指的是头两本诗集《梁赞逸闻，水渠和情诗》和《亡灵节》。

之声》停刊我很觉遗憾。我等候您很快给我回信。也许，《现代人》会刊用它们的。

爱您的

叶赛宁

受父委屈，苦不堪言

致尼·阿·克留耶夫

1916 年 7—8 月，皇村

亲爱的科里亚！

生活过得平静，但很令人忧郁。我工作上的事不值一提。一到彼得格勒，满目破破烂烂。只有昨天是一个给予我很多的日子。父亲来了，我从他身上忍受的委屈简直无法向你转述。本性难道不比我们所有的书籍和辩论更丰富吗？我和妹妹蒙上薄雾的一切，他都使劲让它们更清晰地显现出来，只不过是为了除自己和自己的愿望之外提炼出可接受的事物的智慧来。当然，他身上还有许多世俗的东西，怀着一种想占便宜的心理，但这种做法正在失效，这件事甚至连他本人都不知道，生活一开始就把他教会了，为了不至于摔跤，就得寻求有形的支持。他凭直觉懂得，老狼一掉牙，它就无从搏斗，它就得饿死……他让我喜欢。

还有加宁在这里待过，你知道吗，空洞无用的真理把他坑害得嘴都歪了。我很可怜他。我可怜他，是因为他什么都做得一丝不苟，但对自己却用另一种道理来解释。

这段时间里我很少写信，待在家里，我只是惹恼自己，总是从这个角落走到另一个角落地嗅嗅自己所做的事发出些什么气味，是尸体的臭味，还是潮湿的腐败物的气味。

近来，我没有接到任何剪报，皮缅告诉我，他在什么地方看见一篇大文章①。在哪里，我不知道，克拉夫吉雅·亚历克赛耶夫娜②说你收到了三篇。请你寄给我看看，我马上给你寄回去。外祖父还曾给我看过某种篇幅的文章，他说，大家先谈到我，然后谈到点有关尼古拉③的事。

老兄，秋天你无论如何都来吧。缺了你，对于我来说显然非常非常的烦闷。最主要是孤独极了。

我是怎样在回忆往事……

你回得来吗？

你的谢尔盖·叶赛宁

---

① 大概是指1915年第5期《欧罗巴导报》上所载萨克林的文章《人民的金色》。

② 克留耶夫的妹妹。

③ 指尼古拉·克留耶夫。

我衣衫褴褛，饿得像头狼似的

致米·瓦·阿维里扬诺夫 [①]

1916 年，皇村

亲爱的米哈伊尔·瓦西里耶维奇！

我的情况很糟。我衣衫褴褛，饿得像头狼似的。可周围的人都在叫我过得好一些呢。靴子都开口了，要我把它补好擦得像面镜子一样锃亮，但这几乎是完全不可能的。米哈伊尔·瓦西里耶维奇，行行好吧，帮我摆脱困境，给我寄约35 卢布来。今后我要因诗集《天蓝》而感谢您呢，关于它的优点您可以向拉祖姆尼克和克留耶夫打听。您可能是从 4 月以来就没有听说我的诗了。

我想我不至于因向您请求而得罪您吧，但我不知怎的总

---

① 米哈伊尔·瓦西里耶维奇·阿维里扬诺夫，圣彼得堡出版商，一家书店的老板。叶赛宁的处女作诗集《亡灵节》正是由他在1916 年出版的。

是寄希望于这方面的。后来，当出版《亡灵节》时甚至有过这样的话题，即书如将售完，请多付给 50 卢布。假设书并未售完，我仍将向您请求并希望您答应帮助一下。

谢尔盖·叶赛宁

皇村，费奥多罗夫教堂修建办公室

叶赛宁的父母

请求改诗两行

致拉·瓦·伊万诺夫－拉祖姆尼克 [①]

1917年2月6日，皇村

亲爱的拉祖姆尼克·瓦西里耶维奇！

可想上您那儿去呢，但我牙疼死了。遗憾的是，昨天未能成行。发狂似的躺倒，酸痛侵袭公牛像侵袭牛犊似的不费劲。

如果您四旬祭前最后一个星期有空，我就去看您，在这之前我或者把牙拔掉，或者把牙补好。

如果《西徐亚人》还在出，那么，拉祖姆尼克·瓦西里耶维奇，请把抒情诗《蓝色的天》[②] 第三诗节的第三行改成："在天使翅膀的颤抖下温存地"，而最后两行改成：

---

① 拉祖姆尼克·瓦西里耶维奇·伊万诺夫（笔名为拉·瓦·伊万诺夫－拉祖姆尼克（1878—1946），批评家，社会学家，文学史家。

② 即《蓝色的天穹，七彩的虹弧……》。

69

永恒的真理和树林的喧嚣

在脚镣的铿锵下愉悦心灵。

景仰您的

谢尔盖·叶赛宁

我们可是西徐亚人

致亚·瓦·希里亚叶维茨

1917年6月24日，康斯坦丁诺沃

嘿嘿，我的朋友，当我舌头上所有的词像现有的卢布都消失之后，我能对你说些什么呢。它们存在过，也没有存在过。在近处，我们总会找到什么，但必定是不好的东西，而在远处，一切全都像往事，过去了的便将变得亲切——早在一百年前普希金就说过。

上帝保佑他们，这些圣彼得堡的文学家们彼此谩骂，彼此诽谤，但他们毕竟是人，还是些内在很不坏的人，所以他们简直支持不住了。无须去评论他们同我们的关系，他们和我们是不同的人。我觉得，他们闲着比我们农民的谷粒还显得小得多。我们可是西徐亚人，亲眼目睹过安德列·鲁布廖夫的作品、拜占庭的文化遗产以及科兹玛·印吉科普洛夫的作品，这些作品介绍我们的老妪们关于地球是立在三条鲸鱼之上的传说。而他们都是罗曼语派，老兄，都是西欧派。他们需要的是美国①，而我们需要的是日古利丘陵中的歌和斯杰潘·拉辛的篝火。

这里无须乎谈"喜欢"，而该把自己的皮靴筒更真切地拉紧些，朝他们的池中更深地踩溅污泥，把它搅得混混的，直到他们像鱼似的伸出自己的鼻子认出你来，看清这是"你"为止。他们总是喜欢修剪过的、匀整的、洁净的东西，而如今突然让他们从肩上伸出自己的那个头发蓬乱而竖立的脑袋来。天哪，他们多么容易给弄得六神不安啊。

当然，要是没有这个把戏，我们民粹主义运动的全部成就便会很乏味，大概，我们便很容易跟他们没有分歧了。我们便会和他们同坐一桌，便会同他们一道闲聊，埋怨起什么来。而某个梅列日科夫斯基便会稍稍举起自己意味深长的手指并说道："您是个天才人物，谢尔盖·亚历山德罗维奇或亚历山德·瓦西里耶维奇。您的诗令人惊叹，而形象，多么美的形象性啊，"然后他便会马上到大学去一趟，便会建议人家也去那儿，因自己在具备大学氛围的条件下温度毕竟要

---

① 在这里美国不是地理概念，而是充当工业都市文化的象征的诗歌形象。

高出几度而心满意足，便会彬彬有礼地朝妻子欠起身子补说一句："瞧，亲爱的，这是来自底层的诗人……"而她则睁圆了两眼，抿紧了双唇喝道："哟，这就是您本人吗？令人惊讶，我听说过您那么多了，请坐。"她便会认为应该惊讶，应该细问，而我也许会开始回答她说，人们给母牛挤奶用两个手指，而母鸡下蛋时它却非常困难，等等。

是啊，老兄，要我们和他们接近是不可能的。须知即使其中最优秀的人——别林斯基，在谈到柯里佐夫时[1]，还写"我们""自学成才者""下层"等字眼，而这些人更加恶劣。

但，老兄，其中有一个人，在他面前我从不说谎，从不自我杜撰，从不像对其他人那样表里不一。这就是拉祖姆尼克·伊万诺夫。他的气质深沉而坚定，他思想炽烈，我自己，谢尔盖·叶赛宁本人在他家里既休息，又自我观察，自觅灵感。

至于其他人，我简直连看都不想看。和他们不应当接近，而应把他们铸成一块随便什么样的平板，在它上面弄上些花纹，你所想要的那些花纹，勃洛克就是一种，还有戈罗杰茨基等一切人，他们多得难以计数。

---

[1] 指别林斯基的文章《论柯里佐夫的生平与创作》。叶赛宁对别林斯基的文章理解得似乎并不准确，因为他在文中是讽刺对柯里佐夫的蔑视的。

当然，往往会怀疑和责怪自己：这一切都是干吗，都是为了什么呢？但你刚望一望并看见他们中的什么人，他，于是这些事便浮现出来了。觉得拿他们好好地开开心挺好玩的，特别是当他们抓住你的飞驰中的钓鱼鱼钩的时候，尽管它的声音是铁的。于是，你便把他们当作欧鳊或别的什么鱼拉出水面来。

我对你到那里去，特别是对你跟戈罗杰茨基所说的话非常非常的不满。勃洛克事件①是由米罗柳包夫以极大的愤慨转告我的，但你本应不这样放过它的，本应对他们不在精神上慷慨解囊的。他们那里有地方容纳我们吗？因为他们光被尾巴就会压得喘不过气来，可你还老是在干这个。

下次我要用示例的方法教训你，怎样和他们相处，暂且我要对你谈谈出版社的事：阿维尔雅诺夫现在用 2500 卢布向克留耶夫买了全集（已出的书）并耽误在它们上面了。他的事很糟，他是个滑头的出版家。《农忙期》②——这不过

---

① 1915 年夏天到了。圣彼得堡的希里亚叶维茨带了一本勃洛克的诗集《俄罗斯的诗》去求见他，请他签名。结果，碰了钉子，勃洛克让女仆把签了自己名的这本书交还给他，本人并未接见他。这件事后来由希里亚叶维茨告诉了米罗柳包夫。

② 一共出版过两本《农忙期》诗集，1916 年的和 1917 年的，第一本上刊载过叶赛宁的诗，第二本上没有登过他的作品。

是些雅辛斯基编辑的偶然的集子，其他杂志几乎有一半停刊了。

我的计划是：今年秋天一定要举办几次晚会，然后我要在一家出版社①按版税制出版一本书，还要出版一本五人——你、我、加宁、克留耶夫和克雷奇科夫的诗集②。（关于克雷奇科夫我们还要谈，他既很接近我们，观点上又离我们很远。）但这一切在以后，在9月里才能完全弄清。你把诗寄往《西徐亚人》吧，这本新诗集，也往拉祖姆尼克·瓦西里耶维奇·伊万诺夫名下寄给《遗教》（皇村，科尔赛街20号）吧。这不是在那里的编辑部，而是他的住宅。寄给他更好。他认得你，我也对他谈过你。暂且祝你万事如意。

你的谢尔盖

康斯坦丁诺沃

---

① 为"革命社会主义"出版社。

② 事实上1918年出版了一本名作《红色的钟声》的诗集，其中只收入叶赛宁、克留耶夫、希里亚叶维茨和阿列申的诗。

叶赛宁

议克留耶夫的《阳光携带者之歌》

致拉·瓦·伊万诺夫－拉祖姆尼克

1918 年 1 月，彼得格勒

亲爱的拉祖姆尼克·瓦西里耶维奇！

我真是很喜欢（加上个"不"）克留耶夫的《阳光携带者之歌》[①] 以及用平庸的《红色的歌》[②] 给它捧场的颂歌。

您出于对《阳光携带者之歌》的成就的考虑而往克留耶夫身上所打"第一个深沉的人民诗人"的印戳迫使我不能出现在第三期《西徐亚人》之中了。因为你和安德烈·别雷认为尽善尽美的东西[③]，在我看来只不过是耗子的尖叫声而已。

[①] 是一部充斥宗教象征的诗集，如"太阳——上帝的窗户""我们的自由——上帝的礼物"。

[②] 同上。

[③] 指同期《西徐亚人》上别雷在《阳光携带者之歌》一文中对克留耶夫的溢美之辞。

从前当着阿尔谢尼亚·阿弗拉莫娃的面时我就已对您讲过那即使不是这些话也是相类似的话。

克留耶夫的作品，除我珍视和承认的《小木屋之歌》而外，近来已成为我的敌手了。我比您更了解他，还知道是什么促使他写了"献给最最美的"①和"和基托弗拉斯类似的谢廖日世间"②。

您在我们身上所看到的一致不过是表面上的。

"我是狂热的诗章"③和"兄弟们，紧挨我吧"④是和我的想泼出体外并咬一口天的肚子以便不但把国王从尼古拉那里推到麦麻烘干房上去，而且……⑤的内心格格不入的。

这个问题通常是不谈的，因此我把它留给《报刊上的亲

---

① 指克留耶夫给自己一首诗写的献词"献给洗礼王国里最最美的儿子，梁赞省的农民，诗人谢盖·叶赛宁"。

② 引自克留耶夫的诗《叶卢什卡——小妹妹》。在这首诗里，克留耶夫埋怨叶赛宁像戈杜诺夫杀害沙皇德米特里那样导致了他创作的死亡，他写道："谢廖日世间，就像基托弗拉斯，不再爱听我的故事。"基托弗拉斯影射戈杜诺夫。

③ 引自克留耶夫诗《阳光携带者之歌》。

④ 引自克留耶夫诗《托着的赞美诗》。

⑤ 叶赛宁原文中就是这样写的。"以便不但把国王……"出自克留耶夫诗《一年十二个月》中的如下诗行："烘干房——小麦的国王，它头戴用庄稼的星星编织的花冠。"

眼目睹》，看来，安德烈·别雷已在期待……①

在我为克留耶夫作品所写献词中称他为 109、34 和 22②的年龄里居中的兄弟。居中一词在《致驼背的小马》中的意思，甚至在所有俄罗斯童话中的意思是："普普通通。"因此，我就说："他整个地就活在传闻的雕刻品中③"——也就是说他活在所讲内容的复述中。他只是个圣像画家，而不是个发现者。

可我却"用石头去撞倒月亮"④，见他的鬼去吧，见绥拉菲姆·萨罗夫斯基的鬼去吧，克留耶夫和他一起尽跑来跑去的，假如他除了在天空的井底看见石头和自己外什么也没有映照出来。

我对您说这些话，并非因《阳光携带者之歌》的"领先地位"和我说的他和谐地重复着而受到损害，而是因为那句虽不闪金光但被雏鸡从自己心中啄出的话⑤而真的生气了……

① 指准备出版第 3 期《西徐亚人》（后来没有出版）。

② 分别为从生年算起的柯里佐夫、克留耶夫和叶赛宁的年龄。

③ 引自叶诗《啊，罗斯，你展翅高飞吧……》。

④ 引自叶诗《啊，罗斯，你展翅高飞吧……》。

⑤ 那句……的话，引自叶诗《变容节》。

因此，我那首献给您的《变容节》将在另外一个地方^①发表。

爱您的

谢尔盖·叶赛宁

---

① 指的是 1918 年第 l 期《我们的路》杂志和 1918 年 179 期《劳动的旗帜》报。

除只想认识您以外，
他什么也不需要

致柳·尼·斯托莉查 [①]

1918 年 3 月 9 日前，彼得格勒

亲爱的柳苞芙·尼基吉奇娜！

出于忠于对您的友情并经常回想起您，我打发自己的老相识彼得·阿弗杰耶维奇·库兹科去见您。

请接待他，并用和蔼可亲来温暖他。除只想认识您以外，他什么也不需要，所以，假如他在您那里得到理解，那我将非常高兴。

他是个富有思想的人，有所写作，而与您的交往便会在某些方面（纯精神的）使他摆脱由于俄罗斯的命运而被扔进

---

① 柳苞芙·尼基吉奇娜·斯托莉查（1884—1934），俄罗斯女诗人，1920 年侨居国外。

的孤独。

爱您的

谢尔盖·叶赛宁

彼得格勒

叶赛宁雕像

请发免税证件

致职业作家协会

1918 年 12 月 20 日前，康斯坦丁诺沃

申请书

请作家协会给我颁发出示地方当局的证件，它可以保护我免缴各种农户税收和免受征用。我的农户很小（一匹马，两头母牛，几只小家畜等），任何税收都会使我越出创作劳动的轨道，也就是说使它停止，因为我，不剥削他人的劳动，仅靠它维持一家人的生活。

谢·叶赛宁

梁赞省梁赞县费佳金乡康斯坦丁诺沃村

通报晚会的筹备

致瓦·李·利沃夫－罗加切夫斯基 [1]

1918－1919 年，莫斯科

亲爱的瓦西里·李沃维奇！

我为我总是碰不到大家而感到十分遗憾。我给您打过电话，但您的电话不是占线就是没有人接。

我表演的问题 [2]，我看从去年起对您来说就应该是很清楚的了。凡是有您表演的晚会，我总是乐于去参加的。据我所知，最近一次（星期四的）晚会将在《社会精英》咖啡

---

[1] 瓦西里·李沃维奇·利沃夫－罗加切夫斯基（1874—1930），批评家、文学研究家，也是叶赛宁成为其中一员的《文学环节》小组的领导人。

[2] 这里所说表演与《文学环节》的活动无关，是在一些俱乐部举行的。

馆^①举行，我将于晚上七点半钟去参加，我们最终来商定好。

爱您的

谢·叶赛宁

叶赛宁父母的房子

---

① 《社会精英》咖啡馆隶属莫斯科中央工人合作社，1918 年叶赛宁在该社的《工人世界》杂志社当编辑，并把利沃夫－罗加切夫斯基介绍给该杂志。

在莫斯科我现在感到非常孤独

致叶·伊·里夫希茨[①]

1920年6月8日，莫斯科

可爱的，可爱的任尼娅！衷心感谢您那封深深打动我的心的信。我常以为，哈尔科夫那段情缘[②]早已从你脑海中飞走了呢。

我现在在莫斯科感到非常孤独。自我从梁赞回来后马里延果夫就去了奔萨，至今未归。有人邀请我去塔什干稍事休息，可我不知怎样脱身，因为我哪里都想去，甚至还和您约好了在克里木见面呢……问题在于我怎样张罗好我的出版社

---

① 叶甫盖尼娅·伊萨阿科夫娜·里夫希茨（1901—1961），叶赛宁的熟人，当时哈尔科夫大学的学生。

② 1920年春，叶赛宁和马里延果夫逗留在诗人波维茨基亲戚家里时与里夫希茨结识。

的事^①……我原以为这件事已办利索了呢，但突然间还得再赶忙印五本书^②，而这是需要时间的。于是我便注定要暂且沿着这里令人讨厌的莫斯科林阴道溜进印刷厂。

尽管我已三年没有在家待了，我仍很不喜欢待在家里，原因很多，现在在信中谈它们很不方便。

您生活得可好？在做什么？你还在不在弗里达坐四轮马车？和谁做伴？请向弗里达转致最亲切的问候。我和萨哈罗夫夜晚从荒凉的胡同遛弯时常回想起你们大家。他甚至还准备给莉扎写信呢。

当然，可爱的任尼娅，我想要对您说的话在信中是一言难尽的！看到人时总是要好些，用嘴巴，用眼睛，用整个身心对他讲比起写写这些非常限制人的字母来毕竟要好些。祝您万事如意。祝您长大嫁人，并心想事成。

谢·叶赛宁

———————

① 1918 年，叶赛宁和克雷奇科夫、阿列申、别雷和波维茨基按合股方式创建了"莫斯科语言艺术家劳动组合"出版社。

② 其中有叶赛宁自己的诗论《玛丽亚的钥匙》、诗集《天蓝》等。

不是活着，而是受罪……

致亚·瓦·希里亚叶维茨

1920 年 6 月 26 日，莫斯科

可爱的舒拉！

请原谅，亲爱的，我给你写信是如此的少。无用和无益的事，我亲爱的，从头到脚地把我吞噬了。真愿脱离它们到非常遥远的地方去，但我不能。

你的《小小的金堆》[①] 目前还没有出版，我想，在秋前是出不了的。我们在莫斯科要出书已变得非常困难，因为我们，非苏维埃作家，几乎一家印刷厂也不提供，即使提供，又是非闹出事来不可。兄弟啊，太令我们难受了。当然，只要牙齿还锋利，这一点还是可以忍受的，但是花在这件事上的精力和时间毕竟太可惜。

[①] 这原是准备在莫斯科语言艺术家劳动组合出版的书，但最后并未问世。

我还活着，亲爱的——不是活着，而是受罪，想的只是该死的卢布。我很少写作。我和老同志几乎没有什么交往，和克留耶夫已经绝交，克雷奇科夫已经走了，而阿列申不知怎的总是皱着眉头看我，仿佛想要把我吃掉似的。现在他待在萨拉托夫，写些蹩脚的共产主义诗歌①，和谁都吵架。我曾经非常爱他，常常努力使他接近自己，但他总是觉得我在砍他的脑袋似的，所以我们什么结果也没有，而现在，大概把我想得更坏了。

而克留耶夫，我亲爱的，是个骗子。像狐狸一样狡猾，你可知道，他总是这样为自己，为自己捞。谢天谢地，好抵人的牛不长犄角。他怀着强烈的表现心理，但力气不大。他很像自己的诗，也是那样不流畅，样子单纯，可心里却有鬼。

而克雷奇科夫呢，正好相反，那么质朴、纯洁和柔和，只是他身上太邋遢，有味儿。我很爱他，把他看得高于阿列申。在许多方面他甚至比克留耶夫还强，当然，并非整体上都如此。如今他在何处，我不得而知。

听了别人的介绍，我很喜欢你。据说，你个儿大，动作

---

① 这显然是指1920年在萨拉托夫出版的阿列申的诗集《警钟》《小白桦》《我们》。

不灵便，怀着臆度自己有病的可笑想法。我也喜欢你的诗，只是听说，你是根据突厥斯坦工程师们的夫人的指示加以修改的。不过，兄弟，你知道吗，对此她们还提出论据。你听信这群母狗……又是何苦来呢？

你写了许多无聊的东西，我尤其不喜欢你那些有关东方的诗。难道您竟退步到如此程度，莫非你很少感觉到身上富于乡土气息的力量的涌入？然后你可别再歌唱克留耶夫风格的这种拥有并不存在的基捷日 ① 和愚蠢的老太婆的罗斯了，我们不是像在你诗中所写的那样的人。生活，我们罗斯的真正生活要比古老信徒派的呆滞的图画好得多。老兄，这一切是存在过，已进了棺材，那么干吗要去闻这些腐朽的短粗大头般的遗骸呢？就让克留耶夫闻去好了，他适合干这种事，因为他本身就有点味，而你却不适合。

给你寄去《三行集》，如果你能随便谈谈自己的观感，我将非常高兴。

你的谢·叶赛宁

----

① 据神话称，这是拢都入侵罗斯期间隐没在水底的城市。

十月，我将和科洛鲍夫一起去塔什干，我准备和他在这一斋戒期动身，但（他）已去喀山，想回去，骗了我。

在火车头后面
有一匹小马驹正在使出全力奔驰

致叶·伊·里夫希茨

1920 年 8 月

可爱的，亲爱的任尼娅！看在上帝的分上，不要以为我需要您什么帮助。我自己也不知道，我这是为什么突然频频对您提起我自己。当然，得过各种各样的病，但都在痊愈之中。我想，这种病症最终也会好的。

今天早晨，我们从基斯洛沃德斯克出发前往巴库。看着车窗外高加索的景色，内心里变得有点憋闷和困窘。我已是第二次路过这些地方了，但还是完全不能理解，捷列克河、卡兹别克峰和达克里雅尔谷等究竟凭什么使那些在我们心中塑造它们的形象的人们如此倾倒。

老实说，在梁赞省，我心中的高加索要比这里的分量重得多。此刻我萌生了旅行对我有害的念头。我不知道，如果有机会要我做一次环球旅行的话,那我会带着什么呢? 当然,如果不是士官生史密特①的手枪,便是一种损害对地球领域的感情的心绪。在这个星球上是多么郁闷和乏味啊! 不错,生灵界也有一些飞跃,如从骑马到乘火车的转变,但所有这些只不过是速度加快或特点更加突出而已。人们早就猜测到了这些并比这想象得更为丰富。在这方面能打动我的只有对正在逝去的可爱的野兽王国的伤心;死气沉沉的机械世界的那种毫不动摇的力量同样使我忧心忡忡。

现在我告诉您一件关于这方面的突出事例。我们从齐霍列茨克乘车去皮亚蒂戈尔斯克,突然听到嘶叫声。我们把头探出窗外,您猜看到了什么? 我们看见,在火车头后面有一匹小马驹正使出全力奔驰,这么快奔驰②,使我们立刻明白了它为某种原因才想超过火车。它奔跑了很久,但最后终于累得精疲力尽,在一个车站上被人捉住了。这个插曲对别人并没有什么意义,但它对我却意味深长。钢马战胜了活马。这匹小马驹对我来说正是富有启示性的亲切的乡村的形象和

---

① 库兹马·普鲁特柯夫的诗歌《史密特》中的主人公。
② 这一情节未在叶赛宁的诗《四旬祭》中得到诗化的体现。

马赫诺^①的面容。它和他在我们这场革命中酷似这匹小马驹以生命的力量和铁的力量相角逐。

可爱的，我打扰了您，再次请求您的原谅。一种忧郁的思绪紧紧地缠扰着我。我现在很难过，历史正在经受着一个扼杀作为生灵的个性的艰难时期。要知道，现在正在建设的社会主义完全不是以前我所想象的那样^②，而是一种固定的和人为的社会主义，就像圣赫勒拿岛^③，没有荣誉，缺乏幻想。在这里那些建造通向隐秘世界的桥梁的生灵感到压抑，因为在后代子孙的脚下这些桥梁正在遇到彻底的砍伐和破坏。当然，如果有谁慧眼识珠的话，那么他一定会看到这些散发着霉味的桥梁。但如果房屋盖好了却不住人，凿成了船而弃之不用，那总是会令人惋惜的。

任尼娅，您能畅游大海，迈步向前。所以我渴望向您一诉衷肠。

快快地长大吧！长得像我曾看到和听到的那样。要听弗

_____

① 是叶赛宁诗剧《坏蛋们的国度》中的人物，他不理解农村中发生的变革。

② 叶赛宁后来（1925年）在《自述》中对此作了自我批评，他说，"在革命的年代，我完完全全地站在十月革命一边，但对一切都是按自己的方式，带着农民的倾向来接受的"。

③ 大西洋岛屿，拿破仑被流放该岛。

里达的话，这样您就会幸福的。在弗里达的身上，善良总是自觉存在的。所以，即使在某种污浊的环境中，她也将是那样美丽可爱。

爱您的

叶赛宁

我感谢把我的内心掏出来……
给它以语言的一切

致拉·瓦·伊万诺夫–拉祖姆尼克

1920 年 12 月 4 日，莫斯科

亲爱的拉祖姆尼克·瓦西里耶维奇！

看在上帝分上，请原谅我未能答复你的信件和明信片。一切都发生得如此突然和愚蠢。

我已准备好在 10 月 25 日前出发了，突然我不是出现在圣彼得堡，而是出现在全俄特别委员会的监狱里[①]。这件事不知怎么地使我感到震惊，使我受到侮辱，我得很久才能把它淡忘。

我非常、非常地想见您，听您说话，并亲自跟你谈谈我自己。在我们俩没有见面的这一年半中积攒了许多的事。我

─────────

① 叶赛宁是在一次全俄特别委员会机构组织的证件检查中偶然被捕的。

不知多少次竭力想要给您写信，但我们俨如乱七八糟的俄罗斯生活每次都让我辍笔。我奇怪，我怎么在这段时间里还能够写出这么多短诗和长诗。

当然，内心的改变是巨大的。我感谢这一切，它把我的内心掏出来，给它以形式，给它以语言。但我却因此丢失了从前源于我的健康而令我高兴的一切。我变得更孱弱了。大概，关于这事您已经听到了些什么。

克留耶夫情况如何？大约一年前他给我寄来一封非常狡猾的信，以为我还像从前那样才十八岁，我没有给他回这封信。此后我没有听到他的任何音讯。这期间他写的诗给我留下相当不好的印象。拉祖姆尼克·瓦西里耶维奇，他在形式方面也太弱了，不知怎么也不想长进。而他认为是形式的东西恰恰是手法，有时还是相当令人厌倦的手法。但我仍然想见他。我对他凭着什么感觉起步这一点深感兴趣。

祝您，拉祖姆尼克·瓦西里耶维奇，万事如意。我十分经常地想起您。只可惜我们见不了面，但也许以后我能脱身。

请向瓦尔瓦拉·尼古拉耶夫娜、你们的孩子们以及列米佐夫一家人致意。

紧握您的手

谢·叶赛宁

如果您能抽出时间，划一封信来，我就给您竭力寄出《四旬祭》和《一个无赖汉的自白》。

十月革命后的莫斯科

我现在在收拢思绪，往内心观看

致安·鲍·马里延果夫[①]

1921 年春，萨马拉

可爱的托里亚，向你致意，给你个吻。

现在我正坐在车厢里，从车窗里往外眺望这该诅咒的萨马拉已整整两天了，但我怎么也不明白：我真的是在感觉这一切呢，还是我在读《死魂灵》及《钦差大臣》。

"盐多贵？[②]"喝醉了酒，要他的熟人相信，他写了《尤利·米洛斯拉夫斯基》，所有政界要人都是他的朋友，他总有"信使，信使，信使"。列瓦坐在那里紧皱眉头，几乎每天五次向我提出请求："我能否马上就喝一碟小俄罗斯红甜

---

① 安纳托里·鲍里索维奇·马里延果夫（1897—1962），诗人，意象派奠基人之一。他认为形象即目的自身。

② "盐多贵？"是科洛鲍夫的绰号。科洛鲍夫是全俄疏散委员会的监察员，叶赛宁在去中亚途中曾乘过这个委员会的公务车厢。

菜汤。"我至今仍然记得当你谈起鲱鱼时那副酸溜溜的嘴脸。如果你想设想我怎样，那么你吃一块鲱鱼，往镜子里照照自己就行。

当然，我乘车前行挺平静，但还是不无情绪的，甚至因我唾骂了该死的莫斯科而高兴。我现在在收拢思绪，往内心观看。最近的事件竟令我如此震惊。当然，今后我不会再这么喝酒了，比如说，今天甚至拒绝看喝醉的"盐多贵？"一眼。

天哪，多下流呀，而我，大概，曾比他还糟。

这里的气候今年不知怎的比我们那里还要冷。有些地方甚至还有雪。所以此刻我不会光着身出门，盖着皮袄睡大觉。当然，这里的食品"多"到我不禁要反过来问廖瓦："你呢，廖瓦，想吃香肠不？"就这样一天，两天，三天，四天，五天，六天，坐火车走着，走着，而回头向车窗外一看，可诅咒的萨马拉像块中了魔法的地方。

车站当然是好的，但仍感遗憾的是这不是平稳的静止的地方。思绪万千的头脑，在这种颠簸中是很难思考的[①]。在我们列车后又奔跑着骏马（不是马驹），但我如今要说："大自然啊，你在模仿叶赛宁。"

---

① 此时叶赛宁正在写诗剧《普加乔夫》。

总之，我的朋友，我常想念你，想念我们可爱的埃米莉娅，我们一次又一次地回到老话题上来："你是怎么想的，列瓦，现在安纳托里在吃什么呀？"总的来说，旅行非常好。我总是对自己说：不妨坐车走走，尤其是在莫斯科黄油 16—17 卢布，而此地是 25—30 卢布 1 公斤的时节。

这，首先是合算①，而其次，是有万尼亚②（我听见廖瓦在隔壁把"盐多贵？"骂得狗血喷头呢），这在我们这里通常是作为第二道菜③的。

总之，你看——这一切相当快活又有意思，因此，我必须轻而易举地打上句号，以便尽快从信中脱身。啊，我没有白白对自己说，和"盐多贵？"一起乘车是很快活的。

你的谢尔盖

---

① 是指带着莫斯科的黄油到萨马拉卖很合算（当时正值新经济政策时期）。

② 万尼亚、廖瓦、"盐多贵？"等人都和收信人是好朋友，和他们聚聚也很值得。

③ 这里是开一个玩笑，把原先说到的"第二"转为因听到廖瓦在骂人而联想起的司空见惯的事，而把它戏称为"第二道菜"，言下之意，第一道菜是客气相待，但又少不了要彼此谩骂，这就是预料中的第二道菜了。

向康涅科夫、谢廖沙和达维德·萨莫依洛维奇问好！

附言

我给你写信后又四天过去了，我们还在萨马拉。今天，出于寂寞，也是出于乐意，我们走到站台上去，走近墙报，我瞧见萨马拉的社会精英在大骂意象派。我连想都没有想过，我们在这里竟如此时髦……

我所讲的，都是饱尝苦难得来的

致拉·瓦·伊万诺夫-拉祖姆尼克

1921 年 5 月初，塔什干

亲爱的拉祖姆尼克·瓦西里耶维奇[①]！

我给您寄了一封信，一些书，而后又寄了一封信，盼望能接到您任何一封回信，但我没有接到。我便觉得，您看来是为什么事生我的气了。莫非是因为克留耶夫，因为我对他的评价吗？莫非是因为勃洛克吗？

拉祖姆尼克·瓦西里耶维奇，这些年我想了很多，在自我修养上下了许多功夫。我所讲的，都是我饱尝苦难得来的。在那封信中我甚至连对您都没有全讲出来。照我看，克留耶夫，也像勃洛克一样，变成一个拙劣的诗人了。我不想据此

---

① 这封没有写完的信并未发出，保存在希里亚叶维茨的档案中。有一种推测，认为促使叶赛宁写这封信的动机是想和希里亚叶维茨争论，后者认为他已偏离先前的"农民"方向。

向您说，他们在思想内容上是贫乏的。恰恰相反。勃洛克当然并不是天才人物，而克留耶夫好像曾受过他压抑似的，不敢从他的荷兰浪漫主义越雷池一步①，但当然，他们毕竟可能意味着什么。尽管勃洛克是出于误会才成为的俄罗斯人，而克留耶夫是依照书面的编年史以及俄国有关所有无赖汉不符合实际的描绘来歌唱俄罗斯的，在这件事上他们无疑是有所作为的，在一定程度上做得甚至有独创性。我不喜欢他们，主要是从把他们当作语言大师的意义上说的。

勃洛克是个作品无确定形式的诗人，克留耶夫也一样。在他们笔下，几乎没有我们语言的任何修辞格现象。在克留耶夫笔下，修辞格现象是微不足道的。（"修女手持绣架坐在窗前，在黑暗中刺绣金光闪闪的盖圣餐的布""布谷鸟蹲在树枝上，它们嘈杂、聒噪的咕咕声在枝头回荡""乌云似罗汉松，太阳像拖着金色尾巴的松鼠"，等等。）而勃洛克遵循果戈理关于词是人际用以传递在内部或外部现象中"捕捉信息的符号"的见解，唯独对简单的词有特别好的感受。

---

① 以下勾掉了："还诽谤俄国农民具有那种不属于他们的对女人、对基督日，对宗教神秘影响的爱（近年内，当然是依据施捷涅尔和安德烈·别雷的理论），并展示了从某种并非属于我们的沙文主义出发的对祖国的爱……"

亲爱的拉祖姆尼克·瓦西里耶奇，只有五六百个词根的家当也太贫乏了；由这些词语形象派生的词太干瘪无味；要想成为诗歌大师，需要知道得出奇多。无论是勃洛克还是克留耶夫都不懂得这道理，如同全体为数众多的诗人同行们一样。

这些年我经常生病，花了不少功夫研究了语言。我惊奇地看到，无论是普希金，还是我们大家，也包括我在内，都不会写诗。

须知，诗歌是文艺形式的一定类别，在这一类别中，在抒情、叙事或独出机杼地表现自我时，艺术家使词与词之间产生某种音的吸引，即词进入同一个或多或少地相近的发音范围；然而，充斥我们所有创作的是这样一些韵脚：

Достать—стать

Пути—идти

Голуьица—скрьІтъся

Чаӣница—Молчалъница

等等，等等。

须知，只有没有文化的人才会写出这样的韵脚来。假如，我们的语言一共只有 29 个发音字母，而如把它们划分成相同的类型，那就更少，但这仍旧是不合适的。应学会区分词语，即使不是逐个地按字母，也要按词义的理解将词语从它们千篇一律的词义中区别出来。

富有诗感的耳朵应当成为把具有各不相同的形象含义的词语按音响连接成一块音振的磁石，只有到那时候，这才会有意义。但要知道，"Пошла（落希拉）—Нашла（那希拉）""Ножка（诺什卡）—Дожка（多尔什卡）""снитъсп（斯尼脱西牙）—синится（悉尼察）"——这不是韵脚。这是最严重的不规范现象，因为这个缘故，诗人们自己也不押"улетла（乌来脱拉）—отлетела（渥脱列杰拉）"的韵。单单因为所有动词的结尾都有千篇一律的词际作用形式这一点就不能让动词与动词押韵。要知道，语言中几乎所有的名词都是动词变化而来的。голубица（蓝莓）如果不是由голубеется（变蓝）变来又是从何而来呢，诸如此类。

我不想借此机会在您面前发挥或者证实我的诗感理论。我不想这么做！我只是想向您指出，除诗人的内心冲动外，我对诗人还持有一种特殊的看法。按照这种看法，我拒用任何整齐的韵脚，现在我只是跳跃性地、参差不齐地略微而多层次地押韵，比如 п о ч в а（土壤）—в о р о ч а е т с я（滚落），к у д а（去哪）—д а л（给了）等。《八重赞美诗集》就是部分的，而《牝马船》则是全部地这样写成的。

正是从这个观点，也唯有从这个观点出发，我在我的第二封信里给您写了关于勃洛克和克留耶夫的情况。拉祖姆尼克·瓦西里耶维奇，我并不是只有小说家们才需要的那种类型的诗歌的特殊爱好者。诗人应当时刻观察词语。须知，如果我们用俄语写作，那么我们就应当懂得，在我们的双重视觉形象：

"我头上的金黄色的树叶 ①"

"太阳像一洼水那样结冰 ②"

之前就已经有了双重感觉现象：

---

① 引自诗人自己的诗《牝马船》。
② 引自诗人自己的诗《牝马船》。

"玛利亚点亮雪原"和"沟壑波光粼粼[①]"

"阿芙多蒂娅水漫门槛[②]"

  这是日历体形象，它们是由我们的大俄罗斯人从他们所过的宗教和世俗的双重性生活中创造出来的。

  玛利亚，这是圣玛利亚的宗教日，而"点亮雪原"和"沟壑波光粼粼"则是世俗日，是山溪在沟壑里潺潺流淌的冰雪消融的日子。但只有为数不多的俄罗斯人懂得这些。只有安德烈·别雷对此谙熟。请看一看叶甫盖尼·扎米亚京在他的绕口令《我害怕》（《艺术家》第一期）中的描写吧。

  大概是遵照阿列克赛·米哈伊洛维奇的授意，他带着走路时把鼻孔藏在口袋里的丘科夫斯基的那种鼻子[③]在那里夸奖丧失对词的任何感觉的马雅可夫斯基。他几乎没有一种带有俄罗斯面孔的韵脚，这是黑人和小俄罗斯人的混合物（гипербола—ТепеГыла[④]，лилас вструя—

---

① 引自诗人自己的论文《生活与艺术》。

② 引自诗人自己的论文《生活与艺术》。

③ 这是暗示丘科夫斯基的文章《阿赫玛托娃与马雅可夫斯基》（也刊登在《艺术家》第1期上）。

④ 马雅可夫斯基长诗《战争与世界》中的韵。

108

Австрия[①])。

请转告叶甫盖尼·伊万诺维奇，他的尊眼看见的不是诗人，而是"看见了巴雷巴[②]"。

我觉得这一切都归咎于列米佐夫。是啊，这个列米佐夫，他可是个狡猾的骗子！难怪他像阿尔及利亚的老爷那样，需要有个维亚切斯拉夫·希世卡来照料他！[③]

拉祖姆尼克·瓦西里耶维奇，如果我无意中伤了您的心，就再一次请您原谅。我不喜欢不会使用弓、不谙熟其语言奥秘的西徐亚人。当他们把飞禽、老鼠、青蛙、箭寄给他们的敌人的时候[④]，达里[⑤]需要一大群解释者。艺术在某种程度上也应该如此。我对艺术研究、琢磨过，因此我才这样平静而高兴地称自己和自己的同行们为"意象主义者"。您记得吗，

---

① 马雅可夫斯基在《宣战了》中的韵。

② 扎米亚京的中篇小说《小城风习》中的人物。

③ 这是对果戈理《狂人日记》改头换面的引用。

④ 据传说，公元前七世纪居住在北部黑海沿岸地带的西徐亚人的首长给波斯国王寄去飞鸟、老鼠、青蛙和利箭，目的是用这些礼物提示他：如果您不能像飞鸟那样飞翔，不能像老鼠那样潜入地下，不能像青蛙那样游泳，那么，您就逃不脱西徐亚人的利箭。

⑤ 波斯国王。

还是在加列尔大街 40 号^①时我就曾对您提过此事。甚至在叙事诗《乡村日经课》里，我把我的这种骚动称作"犹太神秘主义"。当初我觉得这是神秘莫测的圣像画艺术。如今我简直想说，这是被我们的父辈们的双重听觉验证过的双重视觉的时代，我们这些父辈创造了《伊戈尔远征记》和这样一些诗行：

　　大车辚辚地喧响着，

　　好比一群被掠起的天鹅。^②

　　问题不在于兹·文格洛娃在 1915 年的《射手》集中给我们引进的意象主义^③，而是我们借用后对它略加改变。问题在于，我是通过以下这些形象认识和改造世界的。请您回忆一下：

---

① 叶赛宁在革命前曾发表过作品的《交易所新闻》的办事处地址。

② 这是《伊戈尔远征记》中不同部分的两个片段的结合。

③ 这是指其中文格洛娃的一篇题为《英国的未来主义者》的文章，文中谈到，现代英国诗人自称为"意象主义者"。这给了叶赛宁给自己的诗歌团体命名的启示。

向我们抛来了词语，

像雏鸡将破壳而出的蛋。①

当年是上帝产犊②的愁闷，似母牛翘起尾巴的那霞光的愿望，而如今……

---

① 引自诗人自己的《变容节》中的诗行。

② 引自《变容节》。

111

十月革命后的莫斯科

对这种廉价正教的神秘主义
我感到陌生而可笑

致拉·瓦·伊万诺夫－拉祖姆尼克

1922 年 3 月 6 日，莫斯科

亲爱的拉祖姆尼克·瓦西里耶维奇！

非常非常高兴见到您的来信。

从 2 月 9 日至 12 日我曾待在圣彼得堡，平平常常，纯属偶然，没有任何打算；找过您，但人们告诉我，您通常每逢星期五才来（而我正好星期五晚上十点钟抵达这里的），十分伤脑筋的是，甚至都无法用电话和您谈谈。

对您的杂志或集子 ① 我也非常高兴。早该开始了——我们大家分得太散了，又需要"朝统一的家庭"稍稍靠拢些，

---

① 这时指的是出版一本由伊万诺夫－拉祖姆尼克编辑的杂志的未遂的意图。

因为，比方说我吧，我讨厌透了跟夸夸其谈的弟兄们在一起了①，可克留耶夫在自己的猴面包树②上完全枯萎了。他写给我的信是绝望的③。他在那里的处境很糟，他几乎快饿死了。

我推动这里的读者，竭尽全力为他张罗口粮，并寄去了1000万卢布。此外，克雷奇科夫还寄了200万卢布，卢纳察尔斯基也寄去1000万卢布。我不知是哪个魑魅迫使他待在那里。莫非他害怕用我们生活的污泥玷污了他"心灵的袈裟"④吧。于是乎用不着吼叫，把肉身交给狗群吧，就让灵魂离体见上帝去。

拉祖姆尼克·瓦西里耶维奇，对这种廉价正教的神秘主义我感到陌生而可笑。它总是要求一些必然不明智而残酷的功勋。这位维捷格拉的苦行者总是不想当诗人，而成为宗教日历上的圣徒，因此，他什么事都办不好。

---

① 叶赛宁与意象派团体决裂在1921年即已可见，但最终实现是在他出访归来之后。

② 猴面包树是几次出现在克留耶夫作品中的一种神秘树。克留耶夫讥讽地称他的居住地维捷格拉为猴面包村。

③ 克留耶夫在一封信中写道："我住在像个拳头那么大的小城市……一幢古老的商人住房里。如今我衣衫褴褛，经常挨饿……"叶赛宁在自传中几乎一字不落地转述过这封信。

④ 引自克留耶夫的诗《熬夜的女人》。

他的《罗马》①，尽管您对它反响热烈，给我留下了极坏的印象。从形式来看，索然无味，错误百出。"祷词的牛奶"②和"钟情的干酪"③——他所喜爱的写写"爱情的面包夹肉"的马里延果夫和会尔申内维奇不也是写的这类作品吗？有意思的只有譬喻的对比，但是，唉，克留耶夫的手法多陈旧啊！……对于这种对比，人们的指责并不多，一如对于克留耶夫本人的态度。我自己知道，这种指责的力量何在，真谛何在。只要从中排除奥普金修道院的愚昧想法，有如从别雷的作品中排除斯泰纳的学说④，那么，我深信，他便会写出比《小木屋之歌》更好的作品来。我再说一遍，对您的杂志我有无法言表的高兴，我对于这种厚颜无耻的拙嘴笨舌的无脊椎动物讨厌透了。他们竟闹到这种地步，说霍达谢维奇成了第一流的诗人！……真是坏到不能再坏了。别雷本人都注意到他，在离境去德国时为他祝福。必须通通风了。文坛如今乌烟瘴气到了简直令人窒息的地步。

在莫斯科，我连自己都感到讨厌。完全缺乏适合的人。

---

① 指的是克留耶夫的长诗《第四罗马》。

② 引自克留耶夫的《第四罗马》。

③ 引自克留耶夫的《第四罗马》。

④ 指斯泰纳——德国神秘主义哲学家（1861—1925）的人智学。

罗加切夫斯基们和萨库林们把行为准则看得高于艺术，虽则他们待我很好，但一想到看见你面前有一个鼻子底下有个鼓包的阿尔及利亚先生[1]，便会逼得你苦笑起来，并最好进小酒馆去甩掉这些正人君子。他们的神经是米尔格来德式的。谨防一头猪闯进来，从灵魂的桌面上吃掉个什么重要文件[2]。

在另外一些地方只见一些羔皮旧式男大衣[3]。没有脸，没有脚，没有手，没有眼睛，只有一些"好风度"的风俗习惯。在那里诗是与酒和发面煎饼一道估价的。我对这一切厌倦死了。真想上哪儿去，但又无处可去。大概，大火之后总是这样吧。出于无聊我反复读了《银色的鸽子》。天哪，毕竟是部十分了不起的作品。难道这些列米佐夫们、扎米亚京们和托尔斯泰们（阿列克赛）写出过类似的作品？他们必须吻吻别雷的鞋掌。他们在他面前都是帮手。多美的语言，多好的抒情插笔啊！读了它死都可以了。读了果戈理的作品后留下的只是欢乐。

我过着一种居无定处的生活！没有栖身之处，没有避难

---

① 引自果戈理的《狂人日记》。

② 引自果戈理《关于伊万·伊万诺维奇和伊万·尼基弗罗维奇吵架的故事》。

③ 引自果戈理《圣诞节前夜》。

所，因为形形色色游手好闲的人，直至鲁卡维什尼可夫开始上家里打扰我。你知道吗，他们乐于和我喝酒！我甚至不知该如何摆脱这种马虎态度，我已开始羞于、不忍心糟蹋自己了。

我又想创作了，因为脑海里又有一部大作品酝酿成熟了。我暂且给您的杂志寄几首诗①去。关于阿尔谢尼·阿弗拉莫夫，我只听到一个情况：他在高加索，但谁也说不准他在何处，因为今天他在铁米尔—汉—舒尔，明天突然有人在巴库见到他。

好吧，拉祖姆尼克·瓦西里耶维奇，祝您万事如意。代我向瓦尔瓦拉·尼古拉耶夫娜和孩子们问候。（天哪，他们现在在您那儿差不多是大人了！）

握您的手。

谢·叶赛宁

---

① 是哪几首诗，不详。

117

1922 年的莫斯科

我的信写得这么少而又干巴巴

致尼·阿·克留耶夫

1922 年 5 月 5 日

可爱的朋友！一切能够做到的我都给你安排了，既汇款，又由《金刚鹦鹉》寄包裹。日内我还要寄 500 万。

过两星期左右我动身去柏林，6 月或 7 月回来[①]，也可能更晚些。从柏林我力争把《西徐亚人》应付你的钱给你转寄去。谈条件的事我来承担，如果从他们手中取了你的书，那么，你别抱怨，因为我将安排得比他们给的报酬优惠得多。

我给你的信是纯事务性的，没有任何抒情性倾吐，因此请原谅，我的信写得这么少而又干巴巴。

我真是太累了，而最近我的狂饮病弄得我精神上受极大折磨，所以我甚至害怕给你写信，可别无缘无故地使自己痛苦。

----

① 叶赛宁是 1922 年 5 月 10 日出国，1923 年 8 月才回苏联的。

我建议你秋前别来莫斯科，因为这里暂且还处在组建时期，一片空白———一无所有。中部各省的饥荒几乎和北方各省同样严重。我全家人在这种条件下也东奔西散了。

在离开这里之前，我会给你寄去一个包裹的，也许，你还能凑合维持一段时间。你真的变成一个孩子了——如果说这么低的稿酬你竟把自己的《罗马》卖给了这坏透的投机商的《时代》出版社①的话。从前你可是没有这种先例的。

这篇作品我不喜欢，有点笨拙和故作多情。

当然每个人都有他自己的路。

对别的许多诗我读了都很兴奋。

如果你需要什么，你给克雷奇科夫写信，你可别骂他，因为他爱你，一切需要他做的他都会做的。然后你可按我的商店的地址给我的朋友戈洛瓦乔夫（Б.尼基塔大街15号语言艺术家书店）写信。这是应付缺钱的情况的。你只要一写信，就会从我的份额中给你寄钱去的。以后什么时候再结算。从这方面看，我在最初也是多亏了你。

我将从国外往拉祖姆尼克处给你写信。

---

① 《时代》出版社出版过克留耶夫的长诗《第四罗马》的单行本。

120

致意并接吻。

谢·叶赛宁

德国吗？……但生活不在这里，而在我们国内

致伊·伊·施乃德尔 [1]

1922 年 6 月 21 日，维斯巴金

可爱的伊利亚·伊里奇！问候您，吻您。

请原谅我这么久没有给你写信，柏林的气氛终于使我精神上受到极大折磨。现在，由于神经衰弱我走路都很吃力。现在在维斯巴金治疗。不再喝酒了，正开始写作。

假如伊扎多拉并不癫狂，且给了我在什么地方坐下干事的可能，我倒是会挣到许多钱的。目前我只领到 10 万多马克 [2]，同时还可望领到 40 万左右。伊扎多拉的事多极了。在柏林，律师把她的房子卖了，总共给她付了 9 万左右马克。

---

[1] 伊利亚·伊里奇·施乃德尔（1896—？），记者，戏剧工作者。

[2] 大概指因在柏林出版书籍而得的稿酬。

这类事在巴黎也可能发生。她的财产：私人藏书和家具被盗窃一空，银行里钱已查封。现在她火速派了一名亲信到那里去了。著名的波尔·邦库尔不仅在有件事上帮过她，而且甚至拒绝在她去巴黎的签证上签字。她的事就是如此……她却满不在乎地坐上汽车一会儿去吕贝克，一会儿去来比锡，一会儿去弗兰科夫，一会儿去魏玛。我默默地恭顺地跟着她，因为每当我不同意，她就要歇斯底里发作。

德国吗？以后等咱们见面时再谈，但生活不在这里，而在我们国内。这里确实是施本格勒[1]所谈到的缓慢而忧伤的夕阳西下。尽管我们是亚洲人，尽管我们身上散发着不好闻的味，毫无顾忌地当着大家的面抓挠臀部的面颊，但我们并不像他们身体内部那样发出死尸般的恶臭。这里什么革命也不可能发生。一切都走入了死胡同。只有像我们这样的野蛮人的入侵才能拯救和改造他们。

必须向欧洲进军……[2]

但是在这封信里谈一些严肃的思想目前对于我是不合适的。转而谈正事吧。看在上帝的分上，通过商店找到我的妹

---

① 施本格勒（1880—1936），德国哲学家，生命哲学的代表人物。
② 叶赛宁原稿上就是如此。

妹吧（把这封信留给她），请给她安排好凭这张向《金刚鹦鹉》开的支票领钱的事。她大概很需要钱用。给伊尔玛娃开的支票不过是试用的。当我们得知您领到它以后，伊扎多拉会把所需的数目寄去的。

如果我妹妹不在莫斯科，就请给她写封信，转交给马里延果夫，让他给她寄去。

此外，当您去伦敦前，您叫她到您那儿，记下她的确切地址，照着它就可给她寄钱，没有钱她要完蛋了。

请向马里延果夫转致我的问候和全部爱。我给他寄过两封信，不知为什么他没有给我答复。

关于柏林的朋友们，我倒可以告诉您一件引人注目的事（特别是关于向法国警察局某些人告密，以便不让我去巴黎的事）。但这些事都等以后再说吧，目前我心疼神经。

当您要走时，请把我的和马里延果夫的书以及这一段时间里关于我所写的一切都随身带走。

握您的手。

盼很快再见的爱您的叶赛宁

向伊尔玛娃致我微不足道的敬意。伊扎多拉已改嫁给我了。如今她已不是邓肯—叶赛宁娜，而只是叶赛宁娜了。

叶赛宁的妻子

金元的巨人，艺术的矮子

致亚·米·萨哈罗夫 [1]

1922 年 7 月 5 日前，杜塞尔多夫 [2]

我的亲人们！好人们！

　　对于这个可怕无比的与白痴接壤的小市民习气的王国我该说什么好呢？除了狐步舞，这里几乎什么也没有，这里大吃又大喝，此外还是狐步舞。暂且我还没有遇到人，也不知道什么地方有人味。金元先生时髦到了可怕的程度，而对艺术却是嗤之以鼻——游艺剧场便是最高的艺术了。我甚至连书都不想在这里出版了，尽管纸张和翻译都很便宜。这里谁也不需要这些。

----

[1] 亚历山大·米哈伊洛维奇·萨哈罗夫，叶赛宁的朋友，意象派诗人的知音，他帮助出版了《普加乔夫》，《苏维埃罗斯》是献给他的。

[2] 德国城市。

如果说，图书市场在欧洲，批评家是李沃夫—罗加切夫斯基，那么为讨好他们按他们的口味去写诗可谓愚蠢不堪。这里的一切都熨得、舔得、梳得几乎和马里延果夫的头一样光滑。小鸟们待在允许它们待的地方。咳，我们带着这样下流无耻的诗干什么用！你知道吗有时我真想让这一切都见鬼去并溜回祖国去。

尽管我们是些叫花子，尽管我们饥饿、寒冷，还有人吃人现象，但是我们有灵魂，它在这里却因为无用而在斯麦尔佳科夫①的名下出租了。

当然，有些地方也有人知道我们，有些地方也有诗，翻译我和托里②以前的诗，但既然谁也不读它，这一切又有什么用呢？

现在在我桌上有一本刊登安纳托里的诗的杂志，这本杂志我连寄都不想给他寄。这是本很好的出版物，封面上标注着：印数 500 册。这是这里最大的印数！

宽宽心吧，马儿呀！带我跑吧，我的马车夫！母亲啊，心疼心疼你可怜的儿子吧！您是否知道？一位阿尔及利亚先

---

① 陀思妥耶夫斯基长篇小说《卡拉马佐夫兄弟》中的人物。
② 指安纳托里·马里延果夫。

生的鼻子底下长了个鼓包！[①]请把这一切告诉克雷奇科夫和万尼亚·斯塔尔采夫，如果他们要骂人的话，我的心将会舒坦一些。

你的谢尔贡

果戈理的附笔：

没有日数，没有月份。

假如是个大人，

最好还是上吊自尽。

---

① 果戈理小说《狂人日记》的改用。

我真想从这里，
从这个令人憎恶的欧洲回到俄罗斯

致安·鲍·马里延果夫

1922 年 7 月 9 日，奥斯坦德①

我可爱的托廖诺克②！我以为你还待在我们 1920 年奇妙无比的旅行中那些倒霉的疟疾和香瓜的国土与什么地方呢，突然我从伊利亚·伊里奇的信中得悉你已在莫斯科了。我可爱的，最接近、最亲和最好的人啊，我真想从这里，从这个令人憎恶的欧洲，回到俄罗斯，回到从前的我们年轻的无赖行为和我们的全部激情中。这里是如此难以忍受的寂寞，是如此庸碌不堪的生活中的"谢维梁宁气质"，简直就想让这一切都见鬼去。

目前我待在奥斯坦德。黑尔戈兰海讨厌透了，还有这猪

① 比利时城市。

② 安纳托里（马里延果夫的名）的爱称。

129

一样呆板的欧洲人的嘴脸。由于这地方酒太多了，我戒了酒，只喝塞尔查①矿泉水。我想得很多，却不知该想出点什么来。

在那里，从莫斯科，我们似乎觉得，欧洲是在诗中传播我们思想的最广阔市场，但现在我从这里看到：天哪！在这个意义上俄罗斯是多么优美和丰富啊。我觉得别无这样的国家，也不可能有。

从我们崩溃后观察所得的外部印象来看，这里的一切都收拾好了，像用熨斗熨平似的。尤其是开头，你的眼睛感到很中意，而后一想，你就会像一条狗似的用尾巴拍打膝头并哀嚎了起来。是十足的坟墓。所有这些往来穿梭比蜥蜴还快速的人不是人，而是墓中之蛆，他们的房子是棺材，而大陆则是墓穴。在这里住过的人早就死了，只有我们还能记得他们，因为蛆是不会记得他们的。

我打算在这里做的事就是出版两本小册子，即两本在这里甚至在文学界知道的人不太多的不幸的作者的二三页篇幅的诗集②。

我要用英语和法语出版。我对你当然有许多请求，但主

---

① 德国地名。

② 事实上，这两本书无论用英语，还是用法语都没有能出版。

130

要的是你尽你的可能关心一下叶卡捷琳娜。

请给达维德·萨莫伊洛维奇，还有谢廖沙，还有科热巴特金一千个问候，而给万卡·斯塔尔采夫一百个脖儿拐。

我从杜塞尔多夫①给萨什卡②发过一封信。如果你手头钱紧，那么就抓住他的前襟，掠夺他一下。从这里寄钱我虽然尽了一切可能但还是做不到。

我在柏林当然出尽了丑，招够了忙乱③。我的大礼帽和由柏林的裁缝做的女大衣让大家都发狂了。大家以为我是花布尔什维克的钱才来的，是个肃反工作人员，是个宣传鼓动员。这一切我都觉得开心和好笑。我自己的一本书④卖给了格尔热宾。

对你的书人们却不敢靠近。好的诗集只是作为你的和我的新诗集才能卖得出去。见它们的鬼去吧，因为它们在这里5年侨居期间都腐烂了。住在骨头架子中的人总是散发着动物尸体的气味。如果你想偷偷钻到这儿来，那么请打搅一下

---

① 德国城市。

② 指萨哈罗夫·亚历山大·米哈伊洛维奇。萨什卡是亚历山大的爱称。

③ 指侨民界对叶赛宁当众表现的反应。

④ 指《短诗与长诗集》。

伊利亚·伊里奇，我会专门给他写信谈起这件事的。在我在这里看到的一切之后，我并不很希望你离开俄罗斯。我们的文学田地委托别的看守是不行的。

当然，一遇上机会，只要你想来，你就来吧，但我要坦率地告诉你：如果我一个月后不从这里溜走，那么这是个天大的奇迹。于是，这就是说，在我身上有一种惊人的性格的自制力，这是柯干①在我身上所否认过的。

此刻，我回想起科洛皮克夫和土耳克斯坦的情景。一切曾是多么美好啊！我的天哪！我爱我自己，甚至爱酩酊大醉丑态百出的我……

萨马尔罕——我一定得去

那里有着——我心爱的人……

黑色的马尔蒂姗②！你听见我说话了吗？宁肯和"大猛犬"结婚，并等待接吻的潜能的涌现，也比为了马里延果夫的喷泉③让心灵的头发在这里变白为好。散发着死亡和恶臭

---

① п. С. 柯干写过一文：《叶赛宁》，说"叶赛宁造反，是农民的造反，缺乏自制力……"。

② 马里延果夫的妻子阿·勃·涅克里金娜的绰号。

③ 指叶赛宁正张罗出版的作品集《白发的喷泉》。

的美①，见它的鬼去吧——对于我这个活人就是这样，哪怕它有十二万分天才！

可爱的托里亚，代我问大家好！问大家好！

你的谢尔盖

叶赛宁

---

① 暗示马里延果夫的长诗《太阳的糖果点心店》。

待在这里我寂寞得要命

致伊·伊·施乃德尔

1922 年 7 月 13 日，布鲁塞尔

可爱的伊利亚·伊里奇！

我相当冗长地在 3 封长信①中向您描写了我们的全部事件和整个旅途。不知道这些信您接到了没有。

假如您现在看到我，那么您大概不会相信您的眼睛。自从我不再喝酒以来快一个月了。我发了誓，一定要在 10 月以前戒酒。这一切我都是通过一场严重的神经炎和神经衰弱才做到的，但现在连这个也过去了。伊扎多拉非常地不放心您。好像要想方设法从莫斯科给您寄钱，——从这里寄原来是不可能的。

星期六，7 月 15 日，我们飞往巴黎。从那里通过《金

_____

① 其中两封未能保存下来。

刚鹦鹉》寄要容易些。通过克拉西诺局 ① 用航空寄的一个纸袋里给您装进了两张面值各 10 英镑的支票。一张是给伊尔玛 ② 的，另一张是给我妹妹的。

您收着了吗？

我们这样做是为了了解一下可不可以这样给您转寄。总之，是需要转寄的。

可爱的，可爱的伊利亚·伊里奇！

在欧洲，当然，和芭蕾舞学校 ③ 待在一起会引起热烈喝彩的。

我们迫不及待地等待着您的到来。

特别是我在等您，因为伊扎多拉真的一点也不懂实际事务，而我看着这帮围着她转的强盗非常难过。您一来，空气就会稍稍清爽一点。

我对您有一个很大很大的请求：是和以前信中写的同样的那些话，当您走的时候，看在上帝分上给我妹妹一些钱。如果您、您的父亲或别的什么人没有钱的话，就请您问一下

---

① 即通过苏维埃商务代办处。

② 是邓肯的干女儿。

③ 即邓肯在苏联组建的芭蕾舞学校。

萨什卡和马里延果夫，打听一下，商店 ① 给她多少钱。

这是我的最大请求。因为她需要学习，而我们前往美国以后，从那里就完全不可能帮助她了。

请向伊尔玛转达最好的祝愿和一千次问候。有人对我们胡说什么您已政治委员化了——？您来吧：我们来庆祝一番，已经给你发了请您来的电报了，必须去柏林，从那里可以把您用挂号信寄到巴黎或奥斯坦德。

就写到这里了。等我们见面时再谈。

来吧！来吧。给我妹妹一点钱。从马里延果夫那里去取下诗、地址及许多新书。待在这里我寂寞得要命。

爱您的

谢·叶赛宁

---

① 指叶赛宁、马里延果夫等人在 1919 年秋天开设的语言艺术家书店。

要记住，人并不永远是好的

致叶·亚·叶赛宁娜

1922 年 8 月 10 日，威尼斯

明天我要从威尼斯动身去罗马，然后乘特别快车去巴黎。我给你寄过三封信[1]，没有接到一封回信。

好小姐，你听着：首先，今年就让舒拉待在家里吧！你呢，给我去学习。我会给你寄去定量配给品的，因为寄钱十分困难。一切我都将按库兹玛·阿列克谢耶维奇[2]的地址寄。我本人则在 9 月前往美国，并在一年以后回来。

听着我对你说的话：这些定量配给品是专门给你寄的，为的是让你能活下去。不要白白浪费它。说到钱：你随时向马里延果夫和萨哈罗夫施加点压力好了。对于我寄给你的包裹，你可不要说。他们会想这对你来说已经够了，因此你便

---

① 这三封信都未保存下来。

② 是叶赛宁妹妹的房主，姓柯尔恰金。

会从他们身上一个子儿也挤不出来的。马里延果夫和萨哈罗夫是很好的人，但在这种时候他们自己也很困难。

提高警惕地活着吧。你不管做什么不好的事，一切都只会对你自己不利；如果我回来后知道你像有一次那样喝了烟草浸剂或还喝了别的什么，我就拧掉你的脑袋或送你当洗衣女工去。你将只配干这个。你只应该学习，学习和读书。当人家追问你的时候，你对一切、一切都只应守口如瓶，回答说："不知道。"除上中学外，你还应上生活的学校，并要记住，人并不永远是好的。

我想，你不是傻瓜，会懂得我对你讲的道理的。

对于我，对于家庭，对于家中人的生活，对于我的敌人们都非常感兴趣的一切的一切，——你都要避而不答，记住：我的力量和我的分量——是你和舒拉的平安。

你按下列地址给我写信：Paris, Rue De La Pompe, 103[①]，要写挂号信。地址一定要用法语写。不管我在什么地方，从那里总是可以把信转给我的，甚至转往美国都可以。

向大家问好。

---

① 意为巴黎，庞贝街 103 号。原文为法语。

吻你，你的谢尔盖

威尼斯利多岛

向父母亲致以一千个问候和良好祝愿。我也将通过《阿拉》给他们寄包裹。告诉父亲，让他和自己的女会计①谈谈你的事。有时你毕竟有点傻气，对你必须照料。

叶赛宁的父母和妹妹素罗依

---

① 指叶赛宁父亲工作的那家商店的女会计哈留特金娜。

如此丑陋、单调，心灵如此贫乏，
简直想呕吐

致安·鲍·马里延果夫

1922 年 9 月前，巴黎

我的傻瓜——心肝儿！

我给您这个坏蛋寄上了一打信，但您这坏蛋竟一声不吱。

那么，我就开始写了：

宽厚的先生，您了解欧洲吗？不！您不了解欧洲。我的天哪，什么样的印象啊，心儿怎样跳动……啊不，您不了解欧洲！

其次，我的天哪，如此丑陋、单调，心灵如此贫乏，简直想呕吐。心儿跳动着无所顾忌的仇恨的节拍，简直像在搔痒似的，但我感到可悲的是，一个在这种场合令我厌恶但又卓越的诗人埃尔德曼说，没有东西可以给它搔痒。为什么没有东西可搔痒呢？我准备为此把一个靴刷子塞进喉咙，但我的嘴太小，我的喉头太窄。是啊，他说得对，这个该死的埃尔德曼，请为此向他转送一千个吻。

对了，我的棕红头发的朋友，对了！我给萨什卡写过信，给兹拉蒂写过信，您还写过《不是给你，也不是给母亲》。

> 如今我已懂得了一切，
> 唉，我早已不是小孩。
> 诗人的使命就是不该
> 在寻觅中不平静地爱。①

这是 B.Ⅲ.说的，用英语说他就叫 B.莎士比亚②。

啊，如今我才知道，您是个什么样的骗子，下次我为了报复，一定用英语给您写信③，让您什么也看不懂。

事情就是这样——仅仅是因为您让我讨厌，因为您不记得我了，我便以特别的幸灾乐祸的心情已把您出尽洋相的诗

---

① 是舍尔申内维奇的《浪漫主义的原则》中的诗行。

② B.Ⅲ.在俄语中是瓦吉姆·舍尔申内维奇，在英语中就是威廉姆·莎士比亚。

③ 叶赛宁在巴黎学习了英语。

篇译成英语和法语并将在巴黎和伦敦出版。

只消等书一出，我在9月就把这一切都给您寄去。

我的地址（为了让您别写信）：Paris，Rue De La Pompe，103。

谢·叶赛宁

在这世界上我所见到的最美的地方
还是莫斯科

致安·鲍·马里延果夫

1922 年 11 月 12 日，纽约

我可爱的托利亚，你没有和我一起来到美国，没有待在这个最令人讨厌的纽约，这使我多么高兴啊！懊丧得真想上吊。

伊扎多拉是个美丽绝伦的女人，但撒谎的本事却不亚于万卡。她在俄国时向我们夸耀她拥有的那些银行和豪宅——都是无稽之谈。我们现在身无分文，只好等到凑够了路费再回莫斯科。

在这世界上我所见到的最美丽的地方还是莫斯科。芝加哥那些密如蛛网的"十万条街"只配用来放猪。大概正因为如此那里才拥有世界上最好的屠宰场。

我来谈谈自己的情况吧（虽然你总以为我是向后代讲话

的）：我真不知该怎么办，现在靠什么来生活。

以前，虽然俄国贫困不堪，但一提起"国外"，人们的精神总能为之一振。现在，当我看到了这一切后，我乞求上帝不要对我的艺术心灰意冷吧。在这里任何人都不需要艺术。它对所有人来说，其意义就相当于伊札·克列默尔[①]，二者之间的差别只在于伊札·克列默尔能以卖唱为生，而这里哪怕是饿死也没人理睬。

我现在理解，非常理解那些极力宣扬生产艺术的人。

这就是对废物之扬弃。的确，人家干吗需要这种灵魂？这种东西在咱们俄国是以普特来计量的。这种灵魂完全是没用的玩艺儿，它总是穿着毡靴，留着阿克谢诺夫式的胡须，蓬头垢面。我虽然内心忧郁，惊恐不安，但还要试着说服自己：扣上自己的灵魂之衣的扣子吧，叶赛宁，尽管这像裤扣开着一样，令人不愉快。

可爱的托利亚，如果你知道，我的内心本来就在忧郁，你就不会认为我是把你忘了，不会怀疑在给维特鲁金的信中我所倾诉的对你的衷爱了。每时每刻，不论睡觉还是起床，我都在念叨：现在马里延果夫正在商店里，现在他到家了。

---

① 原文为 иэа кремер，典出不详。

瞧，格利什卡来了，还有克罗特克一家，莎什卡，还有其他好多人。我心中只有莫斯科，莫斯科！

真感到害臊，我竟像契诃夫笔下的主人公那样了。

今天在一家美国报纸上看到一篇大块文章，它附有"室内剧院"的照片，但其中写些什么，我不知道，由于不……我真不愿意讲这个讨厌的英语。除了俄语，我不承认任何其他语言，并摆出一副架势：如果谁有兴趣和我谈话，那就让他先学俄语好了。

当然，在许多人看来，我的所有举动简直是太可笑了，就像法国人或者波兰人在我们的国土上一样。

当我给你写这封信的时候，你大概正在睡觉吧。因为在俄国此时正是深夜，而这里还是白天。

你那可爱的、渐渐变得温凉的小铁炉清晰地浮现在我的眼前，我看见你盖着皮袄在熟睡，还有马尔蒂尚①。

我的上帝啊！哪怕双眼被烟熏得流泪痛哭，但愿不待在这里就好。尽管这里有"钢铁和电气"的文明，但每个人的鼻孔里足足塞满了一磅半的污物。

请向所有我所亲近的，略微喜欢我的人致以问候。首先

_____

① 马尔蒂恩的别称。

是格利什卡、莎什卡、加莉娅、任尼娅和弗里达，其次是你认识的所有的人。

如果我妹妹日子过得不好，请你帮助她一下。4月份[①]我一定能回到自己的土地，那时我们再结算。

如果你自己没钱，你就到格尔热宾的代理人那里跑一趟（甚至一定要去），打听一下，在德国我的诗集可以卖多少钱，然后领取相当于5000册的款额的德国马克。因为马克的市场价比国家牌价要贵一些……

大约在两到三个星期前给你邮去了五份《金刚鹦鹉》口粮，收到了吗？如果没收到，就去邮局打听一下。我给叶卡捷琳娜和吉娜依达也寄去了五份。寄给吉娜依达的，地址是奥廖尔市，克拉姆斯卡娅大街57号，H.拉伊赫。别的地址我不知道。

这里出版的《当代俄罗斯诗歌》[②]有你和我的诗歌的译作，但都是那么索然无味。大多数人只知道作者的名字，而且还不是美国人，是那些移居美国的犹太人。看来，犹太人是艺术的最出色的欣赏者，因为就是在俄国，除了犹太姑娘，

---

① 事实上，他是 1923 年 8 月回国的。

② 由巴别他·捷伊奇与亚尔莫林斯基编译。

谁也不读咱们的诗。

好了，暂时搁笔了。吻你和你的马尔蒂什卡。伊扎多拉向你们问好。

你的谢尔盖

对了，还有茹尔日、克雷奇科夫、乌斯季诺夫、阿列申，也向他们问好。

索菲亚·安德烈耶夫娜·托尔斯泰娅

你要写得简练点、理智点，因为我的信有人读

致叶·亚·叶赛宁娜

1923 年 4 月 22 日，巴黎

让我给你写一千封信，而你，傻瓜，却不给我写回信，这是完全不可能的事。

如果你是不知道地址倒也罢了，马里延果夫是给我写信的。我在美国多次接到过他的信，在巴黎我总是靠我告诉过他的地址随处接到他的信。我不知道，为什么你就没有这种机灵劲儿：通过他或通过万尼亚给我哪怕发一封信来，写一写你生活的情况。

写巴黎的地址，你求一下托利亚，请他给你接济点钱，6 月份我抵达莫斯科。我从雷瓦尔 ① 给你发电报以后就来接我。

---

① 塔林（今为爱沙尼亚首都）的旧称。

你写信告诉我给你买什么。要写得简练点，理智点，因为我的信有人读。

父亲可好？母亲可好？舒拉怎么样？

吻你们大伙儿。

谢尔盖

Paris，Rue De La Pompe，103. 谢·叶

因为这样的孤独甚至可以上吊

致安·鲍·马里延果夫

1923 年春，巴黎

心爱的"红头发"！

7 月我将到莫斯科，请你再手紧一阵，为了我妹妹。以后咱们再结算。

你写信告诉我给你买什么。

我只为你的《旅馆》保存着一些诗。有非常好的诗。

此刻我已慢慢开始准备上路。在出了丑闻（我像格里什金砸车厢那样揍了欧洲和美洲）之后我又想回到和随便那个埃米里亚和伊尔玛以及我们的古萨克们在一起度过的寂静状态中去了。

请问候马尔丁、克洛皮克夫·瓦里嘉、萨什卡和格里什金的米拉什卡。

寂寞得要死。有一些了不起的专门在席间孕育的故事（当然是口头的）。

请也向埃米里亚·克罗特金们转达问候。请原谅，亲爱的，这就是我的全部莫斯科，包括若尔日和他的棕红头发的妻子在内。我向他们致以热烈的吻。其余也就没有人可让我致意的了，假若还有，反正我是不给摘帽了。

我的天哪！卡津原来是这么渺小。我读了《五月》[1]给它打了两分，做了这样的承诺，通常人们是不会这样做的。就连在他之前毫无名气的吉洪诺夫也对他很不客气[2]。总之，我一回来，我们就散发这部诗集。"我们！我们！我们在舞台前部栏杆边的每寸地方"[3]。

天哪！因为这样的孤独甚至可以上吊。

这是多么令人讨厌的时候啊，连库西科夫都来威胁我，说不会放我进俄罗斯的。

您知道吗？从《四旬祭》中《不想要》点什么吗？

再见吧，可爱的。

吻你并等待见面。

你的谢尔盖

---

[1] 所指是卡津的诗集《工人的五月》（1922 年）。

[2] 指吉洪诺夫在他最初的两本诗集《乌合之众》和《家酿啤酒》中的表示。

[3] 引自马里延果夫的诗《十月》。

声明拒绝参加《旅馆》杂志的工作

致自由思想家协会理事会

1924 年 4 月 7 日，列宁格勒

自由思想家协会理事会：

由于我与本作者群毫无分歧，并正在办着我邀请整个群体参与的杂志《自由思想家》[1]。

出于审美感受和个人受屈的感觉，尤其是因为主办人是马里延果夫，我最终拒绝参加《旅馆》杂志[2] 的工作。

我任性地声明，为什么马里延果夫在第 1 页上刊载他自

---

[1] 自由思想家协会是意象派诗人的创作协会。"珀伽索斯马厩"文学咖啡馆便是该协会的俱乐部。这封信是交给协会会员诗人罗伊兹曼的。

[2] 这句话从句法上看似乎没有完，但这里用的是句号，译者忠实地把原句按原样译过来。

己的，而不是我的作品 ①。

谢·叶赛宁

1924 年 4 月 7 日

---

① 由于马里延果夫违反惯例，没有按作者姓氏字母表顺序排列，先登了自己，贬低了叶赛宁，他才作出如此的反应，尽管该杂志已预告将刊登他的诗剧《坏蛋们的国度》。叶赛宁与意象派的决裂，可以追溯到 1921 年，后来因意象派诗人不接受《普加乔夫》，在对待该剧本的民族艺术特色的看法上存在分歧，两者之间的矛盾进一步深化。

难以言表的感激之情

致加·阿·别尼斯拉夫斯卡娅[1]

1924年4月15日，列宁格勒

可爱的加莉娅！请原谅我用这种纸写信。没有更好的纸。

与您不辞而别，我向您表示深深的歉意。我所以走，是因为害怕圣彼得堡对于我变得比克里米亚还要远。

可爱的加莉娅！我非常爱您，也非常尊重您。对您非常尊重[2]，因此您别把我的离开理解成一个出于漠不关心而针对朋友的举动。心爱的加莉娅！我再向您说一遍：您对于我非常非常的亲切。连您自己也知道，如果没有您对于我的命运的参与，还会发生许多令人失望的事。现在，我决定在圣彼得堡住下去。任何克里米亚我连知道都不想知道。

---

[1] 加琳娜·阿尔图罗夫娜·别尼斯拉夫斯卡娅（1897—1926），叶赛宁的挚友。1920年秋，叶赛宁与她结识，她在文学出版工作上对叶赛宁帮助极大。

[2] 原文用手抄体字母。

亲爱的，请您安慰一下瓦尔金和贝尔津，让他们别以为我会像拉斯托普留耶夫[1]那样对待他们给我的关怀。

在他们对我的关怀中我对一切都感到愉快，但我全然不需要任何治疗。如果您有时间，就请您来，并把大皮箱给我带来，或者派普里德鲁德内或丽达将它捎来。向您致以问候和我的爱。

真的，这比对于女人们的感觉要好得多，多得多。

您在我的生活中，我本来就感觉亲近得难以用语言表达。等候您来信、来到以及其余一切。请把国家出版社寄来的钱藏入密室。

爱着您的

谢尔盖·叶赛宁

晚会[2]开得好极了。我忙得几乎分不过身来。

---

[1] 取自 A. B. 苏赫沃·科贝林的戏剧《案子》等中的人物伊万·安东诺维奇·拉斯托普留耶夫的名字。

[2] 指 1924 年 4 月 14 日叶赛宁在列宁格勒拉萨尔音乐厅举办的诗人的朗诵会。

加·阿·别尼斯拉夫斯卡娅，
叶赛宁死后一周年在叶赛宁墓旁自杀

我生活得寂静而乏味

致瓦·瓦·卡津[1]

1924年6月28日，列宁格勒

可爱的瓦夏！

向你致以一千个问候和一千个最好的祝愿。可爱的，劳您驾！请你帮我用这篇作品[2]搞到100卢布的稿酬。其中有90行诗。

整整这段时间我非常想你。我到过谢斯特罗列茨克，我深信你一定也会喜欢的。安顿好房间很容易，房租将比莫斯科便宜得多！如果你还没有改变主意，那么请你直接到我这儿来吧。我现在独自住一个住宅。

---

① 瓦西里·瓦西里耶维奇·卡津（1898—？），诗人，当年是圆周出版社管理委员会会员，《红色处女地》杂志社诗歌部主任。叶赛宁1918年在莫斯科无产阶级文化派中与他结识，后来在《红色处女地》上发表过许多诗作。

② 指《苏维埃罗斯》。

我听说，莫斯科有关于我的传闻，似乎我从马上跌下来严重摔伤。是的！我真的碰伤了，但并不严重，只不过碰了一下鼻子。现在一切都已过去。我生活得寂静而乏味。啊，假如你的杰夫卡胡同①迁到这里那就好了。

紧握你的手

爱你的

谢尔盖·叶赛宁

请向克雷奇科夫和阿列申致意。

---

① 指现在的鲍乌曼胡同。

我正拼命地工作

致加·阿·别尼斯拉夫斯卡娅

1924 年 7 月 15 日，列宁格勒

可爱的加莉娅！

什么事也没有出，只是稍稍骑马玩来着，碰破了鼻子。

因此我胸骨错位突起（也是从马上跌下时造成的）。医生想使它复位，但看来非常困难。侧骨往里穿了。看起来很不明显，但呼吸困难。星期六我住院动手术，要住院两个星期。

如此生活得枯燥，只是工作。有时喝酒，但不经常。我现在非常忙，我正拼命地工作，仿佛急忙去赶什么似的。很高兴您能喜欢我们村①。须知我们村已不是原貌了。真有天

---

① 别尼斯拉夫斯卡娅于 1924 年夏到康斯坦丁诺沃村叶赛宁父母处做过几天客。

壤之别。

吻您和爱您。

谢·叶赛宁

有钱能暴露无德

致加·阿·别尼斯拉夫斯卡娅

1924 年 7 月 26 日，列宁格勒

可爱的加莉娅！

一般说来，鼻子没有什么事，我什么措施也不会采取。这件事因为我的多疑而被更加夸大了。

过六七天我将到莫斯科。将和尼基金一道去梁赞。真是非常想钓鱼，想得要死。

我的书①出版了。第一本书已给您题上词，放在我桌子上。我亲自带来。我对您有个很大的请求。昨天普里勃鲁得内去了莫斯科。事情是这样的：他住在这里，对我来说代价相当的昂贵。但是他蛮横无礼至极。他把我的矮靿皮鞋带走了。他没有和我道别，因为他得到钱了。在有钱的情况下我才认

_____

① 指诗集《莫斯科酒馆之音》。

162

出了什么是坏人。他这种人和嘴里叼烟卷的人极其相像。这一切让我伤心极了。他让我伤心，还因为他常常提到我的名字。他在这里逢人便说是我把他除了名。针对我穷，他向所有的人都收集钱，给自己缝制了一套衣服。哈哈——他真会支配钱。所以我对他说，让他支付我的皮鞋钱。这几乎是我拥有的鞋中最好的一双。他溜了，溜得很卑鄙，很低级。您见到他后，向他要30卢布。我自己再也不认识他了，再也不跟他打招呼了。您再也别信他一句话。这是个下贱的出卖灵魂的人。为了原则我倒愿意接受他的打击——以便不让这恶棍再欺诈我。

再见吧，可爱的，我不能再写了。伤心，委屈，甚至想哭。

谢尔盖

1924 年的叶赛宁

面临经济危机

致叶·雅·别利茨基 [1]

1924 年 8 月 14 日，康斯坦丁诺沃

亲爱的叶菲姆·雅可夫列维奇！我还记得，您在列宁格勒曾赞许地答应我：吩咐让人给我的长诗 [2] 寄出应付的稿酬或预付款。

我的经济危机时刻来临了。因此我向您发出一个非常大的请求：从那 184 卢布中寄出您认为可能寄的数额。

同时，我还想求您转告马·伊斯基，让他在我到达之前等一等再刊印我的长诗 [3]，因为我修改了一下。

---

[1] 叶菲姆·雅可夫列维奇·别利茨基，记者，出版工作者。国家出版社列宁格勒分社工作人员。

[2] 指长诗《伟大进军之歌》。

[3] 指长诗《伟大进军之歌》。原因是有个叫瓦尔金的提出了一些意见，编辑也予以肯定。最后，此诗还是在由马·伊斯基主编的《星》杂志上刊发了。

我的地址：库兹明邮电分局，梁赞省梁赞县康斯坦丁诺沃村。亚历山德·尼基金·叶赛宁收。

这个收款男子是我的父亲，寄到他名下吧，因为那里的人不大知道我。

代向斯瓦罗格·贝斯金等人问候。我听说，他经常路过莫斯科。如果他比我早日到达，请您握握他的爪子。

也向勃罗茨基问候并虔诚鞠躬。

迫不及待地等候电报。

尊敬您的

谢尔盖·叶赛宁

计划中的波斯之行

致奥·马·别斯金

1924 年 9 月 1 日，莫斯科

可爱的加莉娅！向您和叶卡捷琳娜问候！

我正待在梯弗里斯，等候从巴库寄钱来，准备去德黑兰。通过大不里士走的首次尝试没有成功[①]。

书就按您的意思处理吧[②]。我附上委托书。现在给您寄出一些短诗。《伟大进军之歌》已修订完。请交给安娜·阿勃拉莫夫娜，并请她转交埃尔利赫送国家出版社。就在那里出《三十六个》，并和它一起出《伟大进军之歌》吧。

请给身处巴库的我描绘一下莫斯科发生的事吧。请您问一下卡津有哪些文学新闻。我自己也不知道何时能抵达莫斯

[①] 叶赛宁波斯未能成行，主要是因为当时管文教的基洛夫担心他出国的安全问题。

[②] 意思是授权别尼斯拉夫斯卡娅代表作者谈出版事宜。

科，大概在霜冻和飘雪之前吧。我和瓦尔金是一个月左右之前分手的。

在《青年近卫军》上发表《三十六个》并领一下钱吧。

对我非常重要的是请您按我和安娜·阿勃拉莫夫娜说过的那样收集并准备出版我的书①：抒情诗单独出，长诗也单独出。长诗中先排《普加乔夫》，然后排《三十六个》，接着排《坏蛋们的国度》，最后排《伟大进军之歌》。至于小叙事诗则排在最前。

您生活得怎么样？此地虽不算冷，但也够令人苦闷的。我写作不多。我想到德黑兰后坐下来再写。干吗我轻率行事要这么想，连我也不知道。

我从巴统接到波维茨基发的邀请去波斯，回来后我就去那里。

阿列申好吗？沃隆斯基和解散后的意象主义怎么样②？大不里士有什么新闻，有谁在那里？

请给埃尔利赫写信，让他以《三十六个》而不是《二十六

---

① 指准备在 1924 年出版的诗人的《选集》，但未能问世。

② 沃隆斯基在《红色处女地》编辑部中的处境和 1924 年 8 月 31 日在《真理报》上刊登了叶赛宁和格鲁津诺夫关于解散意象主义团体的信的反响使叶赛宁非常挂心。

个》①为题发表这首长诗。写信对他说，我不给他写信是因为丢失了地址。我将往萨什卡的地址写信。

请寄两册《莫斯科酒馆之音》来。我将从波斯详细地给您写信。

吻您和握您的手。

谢尔盖·叶赛宁

给我写信！给我写信！

---

① 关于《三十六个》的长诗最初名为《二十六个》，抒情叙事诗。

水既沾不湿天鹅，也沾不湿大雁

致米·伊·里夫希茨

1924 年 10 月 20 日，梯弗里斯

可爱的里塔！

谢谢您寄给瓦尔金在某种幌子下转交我的信件和剪报。我一点也不怕这群马里延果夫的畜生^①和他们的卑鄙。

水既沾不湿天鹅，也沾不湿大雁。

您生活如何？任尼娅好吗？她出嫁了吗？她可是早该出嫁了。请转告她：如果不出嫁，她会像棵青草枯萎的。尽管她很严肃,这还是必需的(哈哈！我想象得出她怎样的恼怒)。

我生活得很枯燥。现在我因心绞痛戒酒了。暂时还没有好，因此我不会喝。一般说来，我对此道已兴味索然了。看

---

① 指马里延果夫和意象派团体写给《新观念》杂志编辑部以示抗议《真理报》所发表的叶赛宁和格鲁津诺夫关于解散意象主义的声明的信。

来，我真的正经起来了。

现在我需要妻子、巴拉莱卡琴，还想坐到柴堆上，像柯年科夫一样唱起来。

《黄金般的时光逝去了》。

这件事待回到罗斯后我们还来得及做。

吻您和拥抱您。

向你第一位妻子① 问好!

向你第二位妻子② 问好!

向你第三位妻子③ 问好!

---

① 指里夫希茨的妹妹。

② 指里夫希茨的女友，当时的女大学生 Е.С.罗佐夫斯卡娅。

③ 指里夫希茨的女友，当时的女大学生 Е.Г.阿皮琳娜。

叶赛宁的雕像

来客，来客，来客……

致加·阿·别尼斯拉夫斯卡娅

1924 年 10 月 22 日，梯弗里斯

可爱的加莉娅！我觉得，我不会很快回去的，不会很快是因为我在莫斯科无事可做。小酒馆已经去得厌了。

我将在德黑兰住一阵子，然后再去巴统或再去巴库。

我给您拟了一份编书的目录。您用这个次序在《山楂篝火》①的书名下出售给可以出售的地方。您先同安加尔斯基（莫斯科印刷厂）谈一谈。

我给沃隆斯基写过信，让他给我妹妹们寄出 200 卢布。前几天我给他们寄了波斯诗篇②。人们都说诗非常好，我对

———————————

① 书名来自《金色的丛林不再说话了……》一诗中的诗行："园中那红似篝火的山楂，温暖不了任何人的心房。"后来，在恰金的建议下，叶赛宁决定把诗集称作《苏维埃罗斯》，但叶赛宁仍未放弃这个想法，最后仍签了以《山楂篝火》为书名的出书合同，但最后因故被撤销了。

② 指该组诗中最初两首。

173

它们也很满意。我生活干巴巴得要命。哪怕您给我更经常地写信也好。我找到了一种安慰：玩台球。我总是输。不久我玩纸牌赢了 1000 卢布，后来输了 1200 卢布。是个不走运的地带。这里的物价贵得简直吓人。比莫斯科还糟。我住在旅馆里，每天要花 20—25 卢布。来客，来客，来客，哪怕有人能拯救我摆脱他们也好。主要是他们妨碍我工作。

您收到书的稿费之后，假如能去圣彼得堡一趟，取一下我的东西该有多好。在伊万·伊万诺维奇家里有一条我的红黑色围巾，我十分喜欢它。然后请您清点一下内衣。

1924 年 10 月 20 日 梯弗里斯

萨沙那里我不去住了。我到圣彼得堡以后住在索科洛夫处将会方便些。握手。

爱您的

谢·叶

抒情诗、小叙事诗和大叙事诗的分类

致加·阿·别尼斯拉夫斯卡娅

1924 年 10 月 29 日，梯弗里斯

可爱的加莉娅！

目前我还留在高加索，大约要留到 5 月才走。

我在莫斯科无事可干。我将把所写的一切都寄给您。

现在寄给您《波斯抒情》中的两首诗，以后还会寄。

请按书中列好的次序出版《山楂篝火》。《苏维埃罗斯》请在结尾部分修改一下。请把"甚至"这个词勾掉，只写"但即使到那时……"，然后不是"用名称"，而是"带着名称"。如果安娜·阿勃拉莫夫娜不抛出对选集的想法，那么请按柏林卷出版，加入《莫斯科酒馆之音》，而且按《山楂篝火》的次序排。请把《回乡行》和《苏维埃罗斯》放在《一个无赖汉的自白》之后。《莫斯科酒馆之音》按您所有全文刊用，

连同那首《粗鲁人拥有快乐……》①。《波斯抒情》不要纳入。

请把全部诗分成三个部分：抒情诗、小叙事诗和大叙事诗：《普加乔夫》《三十六个》《国度》②《伟大进军之歌》，在《乐土》之后请加进《约旦河的鸽子》。

这就是我要说的一切。

对这本选集我已想到神经震颤的地步。我如突然死去，别人对一切都会做得不合要求的。

如果莫斯科印刷业认为，买下它还合算的话，就请求瓦尔金，让他给安排在《红色处女地》出版社出版。

我生活得很枯燥。我悄悄不言地着手写起大作品来了。直到写剧本。

可爱的加莉娅！在大众文学部，伴随《选集》③也有些钱。安娜·阿勃拉莫夫娜会安排它的。那里有 720 卢布，您取了这些钱后自行支配吧。

以后我会给您寄去妹妹们需用的衣料。请不要太宠她们。

---

① 叶赛宁想用几首未纳入《莫斯科酒馆之音》的诗《快拉吧，手风琴。烦忧……烦忧……》《我只剩下一种消遣……》加以补充，但并未把《粗鲁人拥有快乐……》纳入，所以这里说"连同……"。

② 指诗剧《坏蛋们的国度》。

③ 指 1924 年 7 月 1 日签订出版合同的诗集《白桦树花布》。

我在这里生活，多多少少还是有保障的。您要寄来的东西我并不需要。我一个月有 500 卢布。如果您感到拮据，请来电，我可以给您寄钱去。

好吧，向妹妹们问好。吻你们大伙儿，紧紧地拥抱你们。

谢·叶赛宁

关注文艺政策的新动向

致加·阿·别尼斯拉夫斯卡娅

1924 年 12 月 12 日，巴统

可爱的加莉娅！

我病得很厉害，所以不能向您讲述我在巴统的生活情况。只是向您提一个又一个请求。重刊这些诗[①]，投哪儿都行。我非常惦念莫斯科，但一想到寒冷，我就很害怕。而这里很暖和、光亮，但挺愁闷，因为不知道你们大家都怎么样。您写写舒拉在哪里，生活可好。叶卡捷琳娜如何，家[②]里情况怎么样？您鼓起勇气，把东西从圣彼得堡运来。它们在萨沙家里大概挺碍事。我替列夫·奥西波夫向您致意，向任尼娅

[①] 篇名无法确定，但从叶赛宁在另一封信中对加莉娅所提问题来看，其中似有《给一个女人的信》。

[②] 指诗人在康斯坦丁诺沃的老家，1922 年在大火中烧毁，全家人搬进一栋很小的木屋中去住，1925 年初才重建原屋。

和里塔问候。

有关我的诗集①你听到什么没有？安娜·阿勃拉莫夫娜大概把我给忘了。

向她提起我吧。

出售我的书可以不用问我。我信赖您在编选方面的趣味。向雅娜、索尼娅和约西夫问候。

文艺政策方面有什么新闻？普里德鲁德内写了什么新东西？他，这条狗，一个字也没有对我写。我听到了一些关于《莫斯科酒馆之音》的评语②。您收集一下一般出现的材料。

到此我握您的手。

更紧地把叶卡捷琳娜压在手心里吧。

谢·叶赛宁

地址：巴统，沃兹涅先斯基大街，9号楼，列夫·波维茨基转交叶。

---

① 别尼斯拉夫斯卡娅在回信中说，阿勃拉莫夫娜因为孩子病了，对该书拖延了一下。

② 指1924年《俄国当代人》《星》《西伯里亚的灯火》等杂志上格鲁兹杰夫等人的文章。

无条理的生活坑害了我

致彼·伊·恰金[①]

1924 年 12 月 14 日，巴统

亲爱的彼得·伊万诺维奇！

对不起，亲爱的，我没有给您写信，也没有寄诗。我不敢说没有时间，只不过是无条理的生活坑害了我。俗话说，生活是喷泉。我在梯弗里斯晕头转向得够呛。假如我在那里留了下来，我准会因心脏破裂而死的。说幸运也好，说不幸也好，这件事没有发生。如今，我待在巴统。我在写作，很快会给你寄去一部长诗[②]，我认为比我所写的一切都好的作品。而现在我给您寄去《花》。现在就这样说定吧：我想称

---

① 彼得·伊万诺维奇·恰金（1898—？），记者。在与叶赛宁结识的年代，他任阿塞拜疆共产党中央第二书记，《巴库工人》报的编辑，叶赛宁后期经常在他的报上发表作品。诗集《苏维埃罗斯》由他作的序，《波斯抒情》和《斯坦司》都是献给他的。

② 即《安娜·斯涅金娜》。

诗集为《山楂篝火》，想把长诗与近期的抒情诗混在一起。

假如穆朗心眼好的话，那就让他把在《巴库工人》上所发表的全部诗都剪下来寄给我。我把所有这些诗整理一下后连同对该书编排状况的详尽描述给你寄去。

这方面的事就写到这里了。等我到后再结账。但请把往报社寄的这些诗应得的稿酬给我电汇来。我自己还不知道将会在什么地方呢。

我应当到苏呼米和埃里温去。鬼知道，说不定我还会溜到德黑兰彼得①那里去。

这里阳光灿烂。啊，阳光多么灿烂啊。在梁赞省太阳如今像个烂透的南瓜，因此，我一点也不想回那里去。你好吗？

夫人和盖莉·尼古拉夫娜②好吗？其他人好吗？

我非常想在巴统见到你。这里的天气是那么好，像我首次到巴库时那样。

里夫希茨在笑话我了。他会说，谢尔盖，让我们静静地

---

① "彼得"是笔误，叶赛宁所指应是当年正在苏联驻德黑兰大使馆任警卫长的恰金的兄弟瓦西里·伊万诺维奇·勃尔多夫金。这个意图未能实现。

② 恰金6岁的女儿根据一位巴库女演员的名字这样称呼自己。

坐下来读马克思著作吧①。他是一个非常非常可爱的人。我像爱上一位姑娘那样爱上了他。只是不是按高加索的习惯。你从瓦尔金那里听到了什么关于达尼洛夫的书②的消息没有？（我向他致意！）瓦尔金这笨蛋抛出了不少诗，但它们在我这里完好地保存着。

　　紧紧地吻你。

　　握手。

谢·叶赛宁

　　这里的葡萄酒和伏特加酒很讨厌。我中了毒，差点没死掉，甚至现在还病着。

　　请把《花》的稿费寄来巴统编辑部或我朋友处：巴统，沃兹涅先斯基9号，列夫·波维茨基收。

---

① 引自《斯坦司》中的诗行（略有改动）。

② 诗人达尼洛夫把自己的诗稿交给叶赛宁，请他帮助出版。最后没有遂愿。

加·阿·别尼斯拉夫斯卡娅

我工作和创作起来好得真见鬼

致加·阿·别尼斯拉夫斯卡娅

1924 年 12 月 17 日，巴统

可爱的加莉娅！

我完全没有料到我的小册子^①竟刊印得带有这样严重的差错和可怕的遗漏。

难道您没有校对？这本书使我又喜又忧。

现在是这么回事。从亚美尼亚给我寄来了 400 卢布^②。这些钱到哪里去了，我不清楚。我准备动身去莫斯科，给了您的地址，但后来我通知他们说我不去了，并给了他们另一个地址。我不知道这些钱到哪里去了。如果它们到了您手里，就请往我这里寄。我不知道，您生活得怎样？我知道你没有

---

① 指《诗集（1920—1924）》。

② 当时亚美尼亚即将出版一本叶赛宁诗集。

那个机灵劲儿到 Б . 德米特罗夫街 10 号《东方之霞》杂志社去，向富尔曼要一整套材料，抄录一下我所刊发的作品，把它卖给不管彼得还是伊万，只要让您有钱就行。剪报的材料可别投，因为它的稿酬付得少些。

然后，看在上帝的分上，把我从圣彼得堡运来的全部东西敛在一个地方。因为我会突然降临在莫斯科，而我的皮袄还在圣彼得堡呢。

然后，还有一招（这是谋财之道）：收集在《东方之霞》栏目中刊发过的 6 部叙事诗 ①，并在结集成书后卖给伊昂诺夫。每行一卢布。过几天我给您寄两首 ② 新的去。

我工作和创作起来好得真见鬼。春天到来之前我也可能不去了。我非常向往苏呼米、埃里温、特拉布宗和德黑兰，然后又去巴库。

过几天，我给您邮寄两箱桔子去。我和廖瓦在果园直接从树上摘了吃。已是十二月了，但我们昨天还在摘悬钩子。

我桌上放着一份新的好诗《花》的草稿。这大概比我所写所有的诗都好。我不能给您寄去，因为我懒得抄写。把它

① 即《正在离去的罗斯》《无家可归的罗斯》《给一个女人的信》《致格鲁吉亚诗人们》《母亲的回信》《回信》。

② 即《暴风雪》和《春》。

们卖给伊昂诺夫八行吧，您想卖就卖吧。如果您不知怎么卖，就和别人商量一下。您这本书国家出版社都会连双手一起抢走的。

希望您那里现在和将来都有钱，因此我就不给您寄了。

把《狗崽子》交给谁去吧。我想把什么都往《红色处女地》送是愚蠢的。

就写到这里了。我忙着要去领稿酬。要去餐馆，和廖瓦一起为您的健康干杯。好好活着吧，可爱的，不要淘气。

吻您的手。

谢尔盖·叶赛宁

请向妹妹们和朋友们问好。

巴统，沃兹涅先斯基大街9号谢·叶

廖瓦把我锁在房间里，直到三点谁也不许进来。他们太影响工作了。

我不需这种愚蠢的闹闹哄哄的名声

致加·阿·别尼斯拉夫斯卡娅

1924 年 12 月 20 日，巴统

加莉娅，亲爱的！

谢谢您的来信，它使我非常高兴，也叫我有点伤心，因为您提到了沃隆斯基①。我相信，原来一切都是海市蜃楼。也许，世上的一切都是海市蜃楼，我们只不过是彼此仿佛觉得存在罢了。

看在上帝分上，您可别成为海市蜃楼。这是我最后的指望，而且是最深沉的指望。亲爱的，一切都照您自己认定的做吧，我太陷入沉思了，因而对昨天我写的什么和明天将要写什么一无所知。

在我身上只活着一样东西。我感到自己欢快开朗，我不

① 别尼斯拉夫斯卡娅在信中告诉叶赛宁从瓦尔金那里得悉的关于沃隆斯基已不参与《红色处女地》一月号的编纂工作。

需要这种愚蠢的闹闹哄哄的名声，不需要这按行计算的成就。我懂得诗是什么。

您别说些欠考虑的话吧，说什么我不再润饰诗了。完全不对，相反，我现在对形式的要求更加严格了。只是我转向质朴，并平静地说："那何必呢？我们本来不就是露体赤身。从今以后我将把动词纳入诗韵。"[1] 我的道路，当然如今是非常曲折的。但这是一次突破。您记得吗，加莉娅，我待在国外时几乎有两年什么也没有写[2]。您喜不喜欢《给一个女人的信》？我还有一些更好的作品。我在这里感到寂寞。您不在，舒拉和卡佳不在，朋友们不在。正下着热带雨，雨点敲击着玻璃窗。我孤身一人。就这样写呀，写呀。晚上常常带廖瓦一起去剧院或餐馆。他使我养成喝茶的习惯，因此我们俩一天只喝两瓶酒。在吃中饭和吃晚饭的时候喝。生活静悄悄的，修道士般的。墙外有人忧伤地弹钢琴，米什卡钻进来接吻。这是廖瓦的狗。它在我们这里非常不喜欢洗衣女工。

若能怂恿它去和沃隆斯基接吻该有多好啊？

白天出太阳的时候，我挺有精神。我常去看海蜇游泳的

---

① 不确切地引自普希金的长诗《科隆纳一家人》中的诗行。

② 在这期间，他只写了组诗《莫斯科酒馆之音》中的几首，诗剧《坏蛋们的国度》以及长诗《黑影人》的初稿。

场面，我常目送驶往君士坦丁堡的轮船，心里想着博斯普鲁斯海峡。没有什么可迷恋的。形单影只，孤身一人。尽管有娘儿们在追我，当然，诗人嘛！而且还是这样一个诗人，名诗人。这一切都很可笑和愚蠢。

只有一个情况使我感到高兴，那就是魏尔日比茨基和科斯佳·索科洛夫醉醺醺地和我一道从梯弗里斯来到巴统。一天早晨，我们狂饮之后到廖瓦那里去，看见这样的情景[①]：一个老头架着双拐走来，拖着一辆系在腰间的小车，小车里有两只小狗，在小车的两翼上站着两只母鸡，而在他头上是只公鸡，当他走路的时候，公鸡扑闪着双翅。这是个惊人的场面。我从马车上跳下来，请求他卖给我一只小狗。他看了我一眼并说道："只有对你才可以。"

我现在把小狗送去驯养了。它在房间里拉屎撒尿，我却还不会照料它呢。

加莉娅，这是怎么回事呀？我怕这有点像靡非斯特开的玩笑。魏尔日比茨基和科斯佳已回去了。我们大家都患严重的感冒。在梯弗里斯，我们常去霍德若雷。我的大衣您是知道的，而在山里却是万分的寒冷。我们在小酒馆里痛饮尽兴，

----

① 下面所描写的情景反映在抒情诗《巴统》中。

我骑在小汽车上靠近前轱辘的地方。我这样行驶了 18 俄里，弹着吉他唱着歌。后来，我发觉哼唱得太多了。只不过归功于特棒的体格我才避免了一场肺炎。

可爱的加莉娅，《波斯抒情》是我的一整本 20 首诗的集子①。我再给您寄 2 首去。全部 4 首您投《东方之星》杂志去②。每行可要 2 个卢布。如果给不了，就要 1 卢布。见他们的鬼去吧。我会富起来的，那时让他们来膜拜吧。全都拿去发表吧，什么地方都可以。我不赞同任何人的文学政策。我的文学政策是我自己的——我自己。请把《给一个女人的信》投给《星》③，也是每行 2 个卢布。过几天我把《花》和《给外祖父的信》给您寄去。请到《东方之霞》杂志社（Б. 德米特罗夫街 10 号④）去找一下《母亲的回信》和《回信》。把它们塞进所有的杂志中去吧。我很快要给您堆上一大堆材料。生平我写得这么多、这么轻松是罕见的。

这只是因为我独自一人并专心致志。人们说，我变得非

---

① 这可能是他最初的打算，实际上，第一版诗集《波斯抒情》纳入 10 首，后又加入 5 首。

② 事实上《东方之星》杂志并未刊登这几首诗。

③ 《星》上没有刊载这首《给一个女人的信》。

④ 这是梯弗里斯报纸《东方之霞》莫斯科分部的地址。

常好看了。大概是因为我看见了些什么，心情平静了。头发往一个方向梳，像在最近那张照片上那样。我隔一周修一次指甲，隔一天刮一次脸，我想给自己缝制一套崭新的时髦的服装，做一双漆皮鞋，做一根拐杖，置一副手套。这些我全都有了。我已经买好，哪怕出于寂寞我也将讲究穿戴。让别人去说我是花花公子好了。这很有意思。我故意跟大家作对似的，不再像从前那样喝酒了。我将寡言少语，彬彬有礼。总之我想让所有人都感到困惑。我真是太不喜欢成为别人把我想象的那种样子。就让他们为我的变化傻眼去吧。

春天我回莫斯科后将不再让任何人接近我了。我的天哪，我过去多么傻。我只是现在才明白过来。这一切都已是和青春的告别，现在不会再这样了。

如果他们想让我当作家，我就将成为作家。但他们这时可未必是向我来寻求友谊，以便借一点思想和感情。我将像张簧片似的来闲扯，翻着白眼说道："多么好的天气啊！"我一定在镜子面前学会这件事。我很想知道，这看起来将会是什么样的。见鬼去吧！可是我着实写得入迷了。我已写了三页多。这都是因为我太想念您了。

沃隆斯基对我的态度，我想不过是耍手腕而已：我想，

191

这一切在他心灵深处是并不严肃的。比方说，他总爱说：瞧咱们的！如果您见到这些咱们的人，仍然代我向他们问好。请向安娜·阿勃拉莫夫娜致以最衷心的问候。请代我吻她的脸颊。总之，加莉娅，一切您瞧着办吧。对我来说重要的是能够对您的财务状况放心。

我的钱汇来了。因此，我白白让您着急了。在一本厚厚的格鲁吉亚杂志的第 6 期上翻译了我的《同志》。在亚美尼亚将用亚美尼亚文出版我的一整本书①。拥抱卡佳、舒拉和里塔吧。请问候雅娜和索尼娅。

是 1924 年，是哪一日我却不知道。大概是 12 月 20 日吧。

谢·叶赛宁于巴统

加莉娅！这是封附加的信。等《两部长诗》一出版②，您就从伊昂诺夫手里领取 780 卢布，并把它寄给我。

我还没有领取《歌》的稿酬 300 卢布和《三十六个》的稿酬 480 卢布呢。

---

① 事实上并没有出版。

② 出版计划并未实现。

您对钱要得紧一点。用这些钱我可以给你们大家购置不少好东西呢。这里的衣料、上好的波斯披肩和土耳其披肩都很便宜。

谢·叶

书就卖给贝尔林吧①。总之，您认为必须办的一切都照办吧。加黄油是不会把粥弄馊的。

谢·叶

---

① 指的是即将在合作出版社《当代俄国》出版（П.А.贝尔林具体负责）叶赛宁的集子《谈俄国与革命》，此书于1925年问世。

我非常珍视朋友的关怀

致彼·伊·恰金

1924 年 12 月 21 日，巴统

亲爱的彼得·伊万诺维奇！

谢谢您的电报。虽然我并没有接到钱，但我非常珍视朋友的关怀。

已是第二次给您寄信了。《花》刊登不刊登，随您便。这是部哲理性作品。它应当这样来解读：喝了点酒，想一想星星，想一想你在空间里算什么，等等，这样文才能被读懂。关于波斯的诗我早把它献给你了。不过在出书以前，我或将标上"ПЧ."①。或者什么也不标出。这些全都包含在书中。它将出版单行本。20 首诗。也许，很快我就会来。可别忘了付我稿酬。

---

① 彼得·恰金的缩写。

你的爱你的朋友

谢·叶赛宁

叶赛宁

不是购买而是出售死魂灵

致加·阿·别尼斯拉夫斯卡娅

1925 年 1 月 20 日，巴统

可爱的加莉娅！

请原谅我匆匆写信。这里让我讨厌死了。我很快要收拾好东西到巴库去了①，暂且请往这里写信。您把一切如实向我描绘吧。

您可以从索勃科手头得到柏林卷②，可以从他们手里补领《苏维埃罗斯》③的稿酬。我卖给他们时没有这部作品。

请您问问瓦尔金，他可不可以向我买一部 1000 行左右

---

① 2 月末叶赛宁就经过梯弗里斯返回莫斯科。

② 即 1922 年于柏林格尔热宾出版社出版的《叶赛宁短诗与长诗集》第 1 卷。

③ 即《1920—1924 年诗集》（《圆周》出版社），其中增纳了《苏维埃罗斯》这首诗。

的长诗①。这是部抒情叙事长诗，非常好的。我将需要1000卢布用于去波斯或君士坦丁堡旅行的事情。您还可以把它当一本书卖，并补领1000卢布给您周围的人用。

这里非常糟糕。下雪，大得可怕的积雪。后来又发生地震。我无聊得很，巴统比乡村还要差。非常之小，大家彼此全都认得。出于烦闷我玩台球。如今我可以让萨哈罗夫先打三四个球。从两边台帮向中央打到可以凭所获成绩而得钱。我正在写一部长诗和剧本②。近几天我就给你寄两本新书③去。一本是在巴库出版的，另一本出在梯弗里斯。在苏维埃俄罗斯生活有多好。我独自到各处去，像乞乞科夫那样，但不是购买而是出售死魂灵。请把所出的新书都寄来，否则没有书可读了。再见！握手。向人问候。

谢·叶赛宁

---

① 指《安娜·斯涅金娜》。

② 指戏剧性长诗《坏蛋们的国度》，其中的片段在写这封信之前就已刊载在《巴库工人》报上了。

③ 指《苏维埃罗斯》（1925年，巴库）和《苏维埃国家》（1925年，梯弗里斯）。

关于雄金丝雀
和苏维埃官员的故事很精彩

致尼·科·魏尔日比茨基

1925 年 1 月 26 日，巴统

可爱的科利亚！

看在革命的分上，亲爱的，你别生我的气！天气糟透了。房间里冷得我连铅笔都没法握。诗我只写在脑子里，而随便写两句我觉得真是件毫无意义的事。

你生活得怎么样？我正读你的长篇小说①呢。我很喜欢它的风格，还喜欢它的许多其他方面。《梯弗里斯的生活》②，依我看，是纪实性很强的。这很像即兴写的诗。关于雄金丝

---

① 即魏尔日比茨基的幻想长篇小说《三个和一个》（载《东方之霞》1925 年 1—2 月各期）。

② 指短篇小说《双头鹰》（《东方之霞》1925 年第 776 期），也是魏尔日比茨基著。

雀和苏维埃官员的故事[①]很精彩。

我曾想去一趟君士坦丁堡，只不过为闹着玩的。如果不成，我也不会遗憾，总之，我已开始慢慢准备往回返了。途中我要顺便去看你。

若尔日克给我寄来了一封精彩的信，信中写道，他再次读了我的诗后宰了三只公鸡。他描绘了你们的生活的全部魅力所在，直至黑面包。"黑面包，黑面包，15俄磅"。请转告他过两周左右我就到。

卓霞怎么样? 库库什金对我讲了，她是如何跳列兹金卡舞的，倒霉的科斯佳怎么又被人打碎了眼镜。(他走了吗?)

我在这里又一次和民警第二区段打了交道。我开始了新的罗曼史，那个带猫的女人我已有一个多月没有看见了。我打发她见鬼去了。总之我在结婚问题上简直是干了蠢事。我不是驾这些车的辕马。还不如这样：从侧面拉，拉拉边套。余地大些，马套不磨脖子，马鞭不大够得着。

你给加莉娅写信吧。她给你捎来了问候。她通过瓦尔金不费劲就发表了这个短篇[②]，它就刊载在《东方之霞》上，

[①] 指短篇小说《自扫门前雪》(《东方之霞》1925年第772期)，也是魏尔日比茨基著。

[②] 即《阿泽夫的妻子》(《东方之霞》1925年第772期)。

只是你用打字机抄录一下，别用剪片寄。

有人从莫斯科给我来信说，那里很灰暗、寂寞，无酒可喝。是的，我的书[1]出了。劳驾，你告诉维拉普一声，让他把作者赠书寄来。现在我快写完一部很大的长诗[2]。我一去，就给你读读。廖瓦向你致意，大夫[3]也向你致意。我现在出发到车站送大夫去莫斯科。然后我进"莫纳哥"[4]为你的和卓霞的健康干杯。

吻你的唇，吻她的手，

向若尔日克问好。

爱你的

谢·叶赛宁

---

[1] 指诗集《苏维埃国家》（1925年，梯弗里斯）。

[2] 指《安娜·斯涅金娜》。

[3] 指叶赛宁于1919年初结识的米哈伊尔·斯捷潘诺维奇·塔拉先科。

[4] 咖啡馆的招牌。

聚散匆匆话文缘

致彼·伊·恰金

1925 年 3 月 3 日后，莫斯科

亲爱的彼得·伊万诺维奇！

我因为在莫斯科这里未能见着你而生气。我可是给你发过"我们一起走"的电报的。朋友，生活得怎样？我非常高兴我大摇大摆地回到莫斯科了。在出乎意料的巴统天气条件下我因穿夏衣而十分难受过。

当我到达莫斯科时，你在这一天就要离开。真见鬼，我本来是要到车站去送你的。我星期天到达，你却在星期一离开。

你结算一下书①的费用吧。如果什么也不应该付——那就算了。但为我给你寄去的长诗《安娜·斯涅金娜》和那两

---

① 指叶赛宁的诗集《苏维埃罗斯》（1925 年，巴库）。

首抒情诗 ①——《波斯抒情》寄钱来吧。好好地算一下吧，从你的财务来看，你会看得更明显，你要记住，我是你的朋友，对于你所作的估价我非常信任。《安娜·斯涅金娜》再过两月将在《红色处女地》第 3 期刊发。你赶快刊印吧。这部作品对于我是十分有利的，过两三个月后就可在市场上见到它以单行本 ② 出现了。

请向夫人以及所有团结在你周围并在巴库如此亲切接待我的朋友们问好。

请转告丹尼洛夫 ③ 瓦尔金砸锅了。我打算把他的手稿转交国家出版社。

紧握你的双手。

请吻一下盖利娅·尼古拉耶夫娜。

你的谢尔盖

莫斯科，勃留索夫大街 2 号，《真理报》大楼，27 宅，叶赛宁收

---

① 可能是指《巴库工人》报 1925 年第 74 期上刊登的《霍拉桑有这样一些门户……》和《菲尔多西浅蓝色的祖邦……》。

② 长诗《安娜·斯涅金娜》事实上并未以单行本的形式问世。

③ 诗人丹尼洛夫诗集手稿《人生之路》由叶赛宁通过瓦尔金在国家出版社出版。

我的事业是十分美好的

致尼·科·魏尔日比茨基

1925年3月6日，莫斯科

亲爱的柯利亚叔叔！

现在我已在莫斯科了。怎么到达的——鬼才知道是怎么到达的。我买了车票，费佳[1]把它装进口袋，自己却留下没有走。他的东西我带来了，交给了他兄弟，但并没有见着他本人。名气头一次帮助了我旅行。

我的心肝！我在这里不会待太久。我要把钱转入银行，以便不必从事寻找。我将去高加索。关于你的事我说一句：你惊动了所有人。鉴于商业的考虑，你的作品不适合纳入柯里佐夫[2]的丛书，而在杂志上发还是可以的，详细情况我以

① 费佳是名，姓什么不详。他是叶赛宁在印刷厂工作期间认识的。

② M.E.柯里佐夫是《灯火》丛书的编辑，魏尔日比茨基请叶赛宁向柯里佐夫推荐他的短篇小说《当头的寒冰》。

后会对你讲清的。《探照灯》的情况，他也是这么说的。是卡津在那里安排的。

这个……一切和过去一样。一切乱了套了，正经安分起来了，还都原封不动，只是添了一个编辑，多半还是以写这些诗的人的身份出现。对你而言这样做并不坏，但对我……我只想把它弄成选集，因为我不想待在这里惹人讨厌。

最近我要给妹妹们买一套住房。

我的事业是十分美好的，但我感到，还必须奔跑，以便还做点什么。

老头儿！岁月在流逝着，而根据圣训应当这样，二十天写作，而把十天交给卡赫齐亚葡萄酒。这里三十天全用于这个了。

今天，加莉娅不放我上街，也不放我去打电话。

昨天举行了家宴。皮里尼亚克、沃隆斯基、伊昂诺夫、弗洛罗夫斯基、贝尔津娜、纳赛特金、我和妹妹，我们烂醉如泥。当然最厉害的是我和伊昂诺夫。他跑到什么地方去了，可我却被逮住了。我非常不安，但今天他打电话说，他正要去列宁格勒。过三四天回来。他建议我让杂志在他那儿出版，但我决定在这里出，反正来张罗的不是我，而是纳赛特金。

老头儿，我舍不得花费时间。我相信他，我可以在不在场的情况下签名。

沃隆斯基在《红色处女地》工作。我的长诗[1]在那里发表。还要告诉你一件事：纳赛特金是《城与乡》的编辑（请你把现有的稿酬寄在加莉娅的名下），他在追求卡佳，也不反对成为我妹夫，但妹妹是很难劝服的。

可爱的加莉娅依然是好朋友和主要张罗者。

我的书在这里没有。你告诉维拉普，说他用冗长的叙述提出了荒诞不经的问题。然后，让他寄150卢布来，这是我跟他说妥的。这是个原则。

《朝霞》办得怎样了？请向米沙转达诚挚的问候和爱意。他是个非常非常好的、聪明的、有智慧的好心人。瓦尔金应该去巴库接替恰金[2]，但患了外交病。他来过我这里，非常忧郁。他竟然被压垮了。《在岗位上》被烧得灰飞烟灭[3]。皮里尼亚克平静地去巴黎了。我也想去那里两个月，但不知放不放我走[4]。若尔日克不是在喀山，而是在科斯特罗马。

---

① 指《安娜·斯涅金娜》发表在该刊1925年第4期上。

② 指他被派往《东方之霞》编辑部工作。

③ 叶赛宁在这里指俄共（布）党中央文学委员会会议造成的后果。

④ 未能如愿。

他什么都扔了，在《新世界》上发表长篇和中篇小说①。稿子往那儿寄吧。我说了，编辑是自己人——叔叔②和格拉特科夫。

我写完了。以后有了结果我再详细写。

请为我拥抱卓霞，吻吻她的手。我心中留有关于她的最明快的回忆。

请告诉若尔日克，我吃着"黑黑的、黑黑的"面包，这种面包在梯弗里斯见不着。昨天，我母亲来了，我待在家人中间，幸福死了。只有一点不好，哪儿也不放我去。但按照他们的考虑……也许，这更好。应当持有老成持重者的标记……吻你，老头儿，你对若尔日克说，让他给我写信。我已告诉妹妹和加莉娅，叫她们电汇5个卢布给他。然后，我要买一支他盼望拥有的手枪寄给他。

你的谢尔盖·叶赛宁

_____

① 这个消息不准确。

② 是卡萨特金（《新世界》编辑部成员）的绰号。

第二排右起：瓦西里·纳谢德金（妹妹叶卡捷琳娜
丈夫），亚历山大·萨哈罗夫，妹妹亚历山大，叶
赛宁；

第一排右起：妹妹叶卡捷琳娜，索菲亚·托尔斯泰
娅（叶赛宁妻子）

格鲁吉亚令我倾倒

致季·塔比泽[①]

1925 年 3 月 20 日，莫斯科

可爱的朋友季齐安！

我现在已在莫斯科了。看见自己的朋友，想念他们并向他们讲述梯弗里斯，是件使我特别高兴的事情。我们的奇异经历，直到帕乌洛的便帽掉在菜汤里为止，早已在此间尽人皆知。

格鲁吉亚令我倾倒。我刚喝上一口为我积攒的莫斯科和圣彼得堡的空气，马上就要奔回你们那里，看见你们，拥抱你们了。今年春天大概在梯弗里斯将会有一次莫斯科人的大聚会。卡恰洛夫、皮里尼亚克、托尔斯泰娅和弗斯·伊万诺

---

① 季齐安·尤斯金诺维奇·塔比泽（1893—1937），格鲁吉亚诗人，叶赛宁于 1924 年 9 月与他结识，十分友好，在诗集《苏维埃国家》中有他给塔比泽热情洋溢的题赠。

夫将聚在一起。巴别尔会到得更早。你们要好好地让他多喝几杯酒。他是个很好的小伙子，值得厚待。请你问一下帕乌洛，他要我给他买什么样的捕野猪的猎枪。让 N 给我写信。

请问候我所有的好朋友——帕乌洛、列昂尼泽和加普里达什维利。请代我吻一下你妻子和女儿的手，如果不大困难，就请给我划几个字。

勃留索夫大街，《真理报》大厦 A，2 号楼 27 宅，谢·叶赛宁收

出版《波利安人》使当代文学面对农村的宏图

致尼·尼·纳科里亚科夫 [1]

1925 年 3 月 27 日，莫斯科

纳科里亚科夫同志！

我将去高加索，可能时间很长。出版选集《波利安人》[2] 的事我是这样设想的：现在材料正在排字，但第一期专号在 9 月初才能刊印。在这段时间里顺便排第二期的材料。我认为，今年要刊印两期以上的材料是不会成功的。

我认为开始工作的必要条件是立即为被接纳并被审查通过的材料付稿酬。也许，最好立即给编辑部汇 2000 左右卢

---

[1] 此信出于未经确定的手笔。但签字是叶赛宁的墨迹。尼古拉·尼干德罗维奇·纳科里亚科夫，著名的苏维埃出版工作者，当时任国家出版社文学艺术部主任。

[2] 据纳赛特金回忆，叶赛宁出版选集《波利安人》的意图是想使它成为当代文学在一定程度上以农村为目标的转折。

布去。此外，为了开展选集的编务，必须指定一个得到相应报酬的人担任编辑部主任和选集书记的职务。

编委会推荐任这项工作的是纳赛特金，我将从高加索和他保持联系。

编委会最终由下列人员组成：弗斯·伊万诺夫、巴夫·拉吉莫夫和我。最基本的工作人员名单将由弗斯·伊万诺夫或纳赛特金提出。

在即将离开的时候，我希望您将对这项无疑巨大的文化事业给予全面的协助。

此致

敬礼!

谢·叶赛宁

心向波斯，心向设拉子

致加·阿·别尼斯拉夫斯卡娅

1925 年 4 月 8 日，巴库

可爱的加莉娅，我正在巴库。我知道，这封信需要经过
6—7 天才会到您手里。我没有写信，是因为病了。碰到了
滑稽可笑的事。匪徒把我们的东西抢了（在瓦尔金附近）。
可惜，也不可惜。我没有睡。一些钱（这是您给我的）和大
衣永远不见了。好在我身上总算还留着条外裤。

当我不再穿大衣的时候，得了很重很重的感冒。现在我
似乎得了骨膜炎。痛得挺厉害。昨天我去看了这里最好的大
夫，但他检查完我之后说，肺部正常，但喉部有咽喉炎，应
当去找别的医生（在更高一层楼上）。这里对我的关照是很
周到的。恰金待我像待兄弟一样。我住在他家里，关系惊人
地好。

只是事情出在这里：谢列布罗茨基买了纸，但没有向编

辑部①付钱（看来，是为全国阿塞拜疆石油汽油工业联合会这里没有钱，以后才会有）。所以，您一收到这封信，请您立即寄200卢布来。我已经给您备有诗作了。

问题在于，我应当飞往德黑兰。各器官都挺好。办护照需要付钱，坐飞机也一样。

亲爱的，我离您很远，要说服您对我来说更加困难（我写信，牙却疼到见鬼的地步——神经）。请您不要像我在巴统时那样对待我，而卡契卡②（请打发〈……〉）③。她长大后会明白的。

您也该明白，我是为学习去的。我甚至还想到设拉子去，而且我想一定会去的。因为那里出生了所有优秀的抒情诗人。无怪乎伊斯兰教徒要说：如果他不会歌唱，那么，他就不会是来舒沙人；如果他不会写作，那么，他就不会是设拉子人④。

---

① 报纸《巴库工人》的编辑部。

② 叶赛宁大妹妹卡佳的爱称。

③ 原信如此。

④ 受这东方评语的启迪，叶赛宁在《我恋人的手臂像一对天鹅……》中有"要是一个波斯人编不好歌，/他永远不能算设拉子出身"的诗句。

亲爱的，接到这封信后，就请寄200卢布来。请给托尔斯泰娅打个电话，告诉她我记着她呢。舒尔卡①，您就干脆吻一下。她知道她在做什么。

卡契卡谁都不像。我可是有过个妹妹（已故的）奥尔迦，她比她们强一千倍，但长得像舒尔卡。她们不认识她，不认识，不认识。

加莉娅，我不再给您写信了，再谈此事将在……的关心之后。吻手。生活得还不错的。

谢·叶赛宁

---

① 叶赛宁对小妹舒拉的爱称。

我正在写一部大作品

致加·阿·别尼斯拉夫斯卡娅

1925 年 5 月 11—12 日，巴库

1925 年 5 月 11 日

  我在住院。确切地说，在休息。鬼并不像人们描绘得那样可怕。只不过左肺患黏膜炎。过五天我就会康复出院了。这是巴统的感冒造成的，后来我因为糊涂，四月中旬大风天气在海里洗了个澡。就这样病了。医生们各唱各的调，直到诊断为急性结核病。加莉娅，您根据什么认定我在纵饮无度呢？我不过是出于为自己的健康懊丧而狂饮了两三回。就是这么回事。我得了结核病算是好事。遇到谁都会为此忧伤的。

  为什么我不写信？因为没有时间。我正在写一部大作品 ①。书由您来处置，干吗说些多此一举的话呢。您问我已

———————————————

① 所指是什么作品，不详。

215

开始使我生气了！

对您的电报，正像您对我的一样看不大懂。其中一封是这样的："阿基·雅兹科克。"[1]这算什么姓呀？在电报文中滑稽可笑的事比在赫列斯塔科夫身上的还要多。

就这样。

诗集《山楂篝火》[2]完全献给恰金吧。题词为："以一片爱与友情献给彼得·伊万诺维奇·恰金。"

如果是柯里佐夫在出版我的书[3]，那么在封面上请用叶卡捷琳娜保存的那张肖像。脸是拉长的。只不过请先把搭在他肩上的那只伊扎多拉的手涂抹掉。这张肖像我挺喜欢。如果这个蠢货把它丢失了，您就抽她个嘴巴。让她从今以后再也别从我这里借走最后和惟一的东西。

是的，也许我很快就去莫斯科，以便去列宁格勒一趟，然后去乡下[4]，在乡下，在奥卡河畔，我身体会更好些。就

---

① 原文用的是第5格，可能是表示行为主体之意：电报是由阿基·雅兹科克所拍。

② 这里是指当时在苏维埃俄罗斯出版社出版的诗集《波斯抒情》。

③ 指由柯里佐夫任责编的叶赛宁的《诗选》。

④ 事实上，叶赛宁去乡下（康斯坦丁诺沃）是在1925年7月26日，而去列宁格勒则是在当年12月23日。

这样吧。

还有——书不要了。恰金这里什么都有。

您读过邓肯在国外关于我所写的文章吗？说什么为了研究强盗的生活，我成了一伙强盗的头目，并在高加索活动，还说什么似乎我在信中对她写道："目前一切都顺利。"

哈哈哈！……还给您写信！……

而您还说——洗澡是吗？

"同志们！沙乌米扬仿佛活着站在我眼前。他对四千人说过：'我瞧不起你们。'"（这是一位突厥的人民委员讲演中的一句话）

好，暂且就到这里。其余的由穆兰来讲吧。好好招待他吧，他是个很好的小伙子。请向妹妹们、雅娜、索尼娅和纳赛特金问候。

爱你的谢·叶赛宁

附笔① 为了不做蠢事，请把《诗集》②转交鲍戈米尔斯基。这是我的决定。我看出，您是什么也干不成的，而我也不想

---

① 原文为英语的缩写。

② 指把它交给由鲍戈米尔斯基任编委的《圆周》出版社。事实上，《诗集》并未转交，后来叶赛宁与国家出版社签了合同。

挨伊昂诺夫的数落。和鲍戈米尔斯基的关系要好些。尽管我不会很快得到稿费，但您还是和他达成协议吧，立刻交稿吧。伊昂诺夫在 2000 卢布问题上发了疯。首先，在《星》上发表了《伟大进军之歌》，我还卖了个小小的选集。好吧，这是我的事。反正和他谈不妥事情。快去找鲍戈米尔斯基吧。

请您把两首新的波斯的诗刊载在我在家里交给您的那最后两首之前，放在《绝色美人》[①]和《菲尔杜西浅蓝色的祖邦》的前面。取代《我和你在一起不怕不幸发生》的应该是《我对你那些……》。有印错的地方。

5 月 12 日

信是我昨天给您写的，当时还没有进行会诊。实有点毛病。医嘱是让我去阿巴斯－土曼[②]。

请收集一些钱给我寄来。我应当立刻去那里。在痊愈之后我要改变生活方式。

谢·叶

---

① 指《霍拉桑有这样一些门户……》。

② 在格鲁吉亚的疗养地，为肺结核患者开设，叶赛宁并没有去。

叶赛宁

我将和托尔斯泰娅结婚

致叶·亚·叶赛宁娜

1925 年 6 月 16 日，莫斯科

亲爱的叶卡捷琳娜！

发生了很多改变了一切，最多的是改变着我的生活的事情。我将和托尔斯泰娅结婚①，并和她一起到克里米亚去。

临行前我必须和你商谈几句。我得整理自己的全部行装，并给你留下过夏天的钱。你来吧，别耽搁了。选集②我已卖了。还卖了两本书③。因为愤恨，我把你的皮鞋都毁坏了。你来了，我给你买新的。向舒拉、父亲、母亲和外公问好。

你的谢尔盖

① 叶赛宁是 1925 年 9 月 18 日和托尔斯泰娅登记结婚的。原定的旅行计划略有改变。

② 指 1926—1927 年由国家出版社出版的《作品集》，在 6 月 30 日签订了合同。

③ 大概是指《山楂篝火》和《波斯抒情》。

一切憧憬都已灰飞烟灭

致尼·科·魏尔日比茨基

1925 年 6—7 月，莫斯科

我可爱的朋友柯利亚！

我所期望的、所憧憬的一切都灰飞烟灭了。看来，我在莫斯科是待不下去了。家庭生活很不顺利，我想跑，跑哪儿去？去高加索！

我嚷着喊着地想去你那里，到你在赫德若尔斯克街① 的静谧的居处去，到朋友们身边去。

当我到达以后，我定要写部描写一个曾在生活底层待过，跳出来掌握了命运并容光焕发的流浪儿的长诗②。我将把它献给你以资纪念我们之间以此为题的真诚难忘的长谈。

---

① 这条街在梯弗里斯市。

② 这部长诗未能写成。

组织新家庭后也未必会有什么好处，这里的一切都充溢着"伟大的老人"，到处都是他的影子：在桌子上，在桌子里，在墙上，仿佛甚至也在天花板上，多到不给活着的人留地盘的程度。因此这件事令我感到窒息。

当我出发后我会给你写信的。我要去巴库，然后到梯弗里斯去 ①。拥抱你，亲爱的，紧紧地。加莉娅向你问好。

你的谢·叶赛宁

---

① 叶赛宁和托尔斯泰娅于 7 月 20 日从莫斯科出发。

我们大家都在关注和聆听
您的每一句话

致阿·马·高尔基[1]

1925年7月3日，莫斯科

亲爱的阿列克赛·马克西姆维奇！

我最近一次在柏林见您以来常记着您。我经常想您，不少想您。

用话语，特别是用书面语只能说出很少一点儿。书信不是艺术，也不是创作。

您寄给沃隆斯基的信我全都读了。

我只想向您说一点，整个苏维埃俄罗斯总是在想念您，想念您在什么地方，挂念您的健康。您的健康对于我们非常重要。

---

[1] 这封信没有发出，是叶赛宁死后由托尔斯泰娅转交给高尔基的。

我现在给您寄上我近来所写的全部诗篇。

我代还在雅斯纳雅·波良纳①小姑娘时代您就认识的我的妻子向您问候。

愿您非常健康，我通报您，我们大家都在关注和聆听您的每一句话。

爱您的

谢尔盖·叶赛宁

---

① 雅斯纳雅·波良纳，托尔斯泰居住的庄园。

你是只猪

致彼·伊·恰金

1925 年 11 月 8 日，莫斯科

亲爱的彼得！

你是只猪，说你像猪是因为你不告而别，并且连一行留言都没有。

莫非是你的手已经牢牢地长进了编辑桌，连拔出来都困难？

你生活得怎样，我是知道的。只是你在想什么，我并不知道。这件事比起你每逢星期五沿淡水海岸散步来更使我感兴趣得多。你哪怕划一行字吧，告诉他们，让他们给我寄一本《巴库工人》来吧。

今天若尔日克来了。见面时我们提到了你，让我们借这 Martel 牌白兰地酒浇一下因你的健忘而生的愁吧。而你在那里喝你的"芬"牌白兰地以示惩罚。向克拉拉和罗佐契卡问好。握握父亲的爪子吧，告诉他，让他哪怕用无名指吓唬一下瓦西卡——因为他没有来。

你的谢·叶赛宁

这里却是上士当道

致彼·伊·恰金

1925 年 11 月 27 日，莫斯科

亲爱的彼得！

我是从医院里^①在给你写信。又躺倒了。为什么，不知道，但也许，谁也不知道。

你看见了吗，应该治疗神经，可这里却是上士当道^②。他们的理论是：不用任何药物，四壁高墙就是最好的治疗。

我常常满意地回想起瓦尔塔贝托夫和梅泽尔尼茨基，并说耳聋的贝多芬比能听见声音的蹩脚的鲁宾斯坦^③要好得多，醉酒的爱伦·坡比清醒的马尔克·克林尼茨基要好得多。

这一切为我所需要，也许只是为了摆脱某些丢人现眼的

---

① 叶赛宁正在精神病医院治疗。

② 意思是"不学无术、迷信武力的人有的是"。

③ 19 世纪俄国钢琴家。

事。我要摆脱它，解决好麻烦事，要把大家都打发到凯姆①去，也许我要到国外去。那里连死的狮子也比我们活着的医用狗好看。

我不明白，为什么保罗一世②想不到从医。他本是能够从医的。他本是能够治好俄国的。因为他的理论和当代精神病学家研究的问题相类似的。功名不是才华，也不是知识。向惩罚求治——会使自己恼怒，使心儿更破碎。大概，这就是我之所以和你12月份又在席间见面的缘故吧。

我给你寄上《黑影人》。你读完后想想，我们卧在床上时在为什么而斗争……

罗扎和克拉拉好吗？

您的母亲和父亲身体怎样？

代我向他们转致诚挚的问候。

瓦西卡只来过我这里一次。他因腿有病而住院了。那里情况如何，我不得而知。是个怎样的医院，我也不清楚。听说，是在那里，就是您住过的那地方。就写到这里了。

---

① 凯姆大概是个地名，但在何处，不详。

② 是1796年以后的俄国皇帝，在全国推行军事警察制度。

吻你。

你的谢·叶赛宁

叶赛宁

我现在可不知道，
生活散发着什么样的气息

致伊·瓦·叶夫多基莫夫 [1]

1925 年 12 月 6 日，莫斯科

可爱的叶夫多基梅奇！

向你致敬，给你一千次祝愿，感谢你给我的一切恩惠。

我亲爱的！因为我的生活状况有所改变，所以我请求你再也不给任何人付款。无论是伊莉雅，也无论是索尼雅都别付，只有我的妹妹叶卡捷琳娜一人除外。

假如你在 12 月 7—10 日之间能如你所说安排出这 1000

---

[1] 伊万·瓦西里耶维奇·叶夫多基莫夫（1887—1941），作家。他和叶赛宁交往是在 1924—1925 年间，当时任国家出版社文学艺术部编辑，准备出版叶赛宁的《诗集》。

卢布①，那就太好了。

我的生活还行。在竭尽全力地进行治疗，只是闷得要命；但我能忍耐，因为我感到治疗是必需的。否则我便无法再歌唱，如在你的《寒冷的北风》②中那样，"我真想又喝又吃，又睡又散步"。近几天我要给你寄上抒情诗《歌唱那个女人的诗》③。

如果你不懒得写，就给我和叶卡捷琳娜划几个字，我现在可不知道，生活散发着什么样的气息。

握手。

你的谢·叶赛宁

---

① 根据与国家出版社所签合同，应向叶赛宁每月支付准备出版的《诗集》的稿酬1000卢布。

② 为1925年由国家出版社出版的叶夫多基莫夫的中篇小说。

③ 这首诗后来没有交出，只是纳入了补充的第4卷作品集中。

请订房间

致弗·伊·埃尔利赫

1925 年 12 月 7 日，莫斯科

列宁格勒·埃尔利赫！

立即找两三个房间 ①。20 日我迁到列宁格勒去住。请给我发个电报。

叶赛宁

① 埃尔利赫并未为他找到这些房间。叶赛宁于 1925 年 12 月 24 日抵达列宁格勒后就下榻在"安格尔泰尔"旅馆，并于 28 日至 29 日的夜间自杀结束了自己的生命。

不要采用用滥了的说法

致雅·叶·崔特林 [1]

1925 年 12 月 13 日，莫斯科

　　亲爱的崔特林同志。谢谢您寄给我的信。只可惜它到我手里已很晚了。我是昨天，1925 年 12 月 12 日，才接着的。看来，它是耽搁在某个探照灯手的口袋里了，因为它给弄皱了，还被拆过。我的诗能在尼古拉耶夫人们 [2] 中间获得反响，我感到很高兴，很幸福。我从修复岌岌可危的健康状况的疗养院一出来就尽快给您把书寄去。

　　从您为我所写的诗中我喜欢写鸽子窝和一对鸽子的那一首。如果您修改一下断断续续而不太经心的诗行《你会成为

---

[1] 雅各夫·叶夫谢耶维奇·崔特林，诗人，共青团员。由于他的来信和诗均未保存下来，无法引用他的诗行来证实此信，他在接到此信后，回了一封充满感激与崇拜之情的信给叶赛宁，可惜信到达之日已是叶赛宁辞世而去之时。近年来，已发现崔特林给叶赛宁的信。

[2] 尼古拉耶夫人，是指崔特林所在的城市尼古拉耶夫的叶赛宁崇拜者们。

哪怕我的助手》，我就可以把它交付同一个《探照灯》杂志。

您的才能是无疑的、令人感到很亲切的、质朴动人的，只是您不要放过感觉，而且要注视词的配置。

不要采用用滥了的说法。只有经过很大的锤炼才可用它们，那时在高手艺的框架内，在技艺高超的大师的手里才会不落俗套。

避免使用不确定的、易波动的词语，以最大的努力留意重音的正确性。

祝您无论在诗创作上，还是在生活中都成功，如果您认为必需的话，我很愿意给您写回信。握您的手。

谢尔盖·叶赛宁

莫斯科，奥斯托仁卡街，波梅朗采夫巷，3号楼8号宅

声明 12 月 1 日前签发的一切委托书无效

致国家出版社文学艺术部

1925 年 12 月 21 日，莫斯科

国家出版社文学艺术部：

请将从 1925 年 12 月起算的我的选集的稿酬支付给我本人。兹认为在 12 月 1 日以前由我签发给各种人的委托书均属无效。

谢·叶赛宁

235

附录（文论集）
雅罗斯拉夫娜们的泣诉

1915 年

杨怀玉　译

　　无论功力深厚的大诗人还是初具诗才的小诗人，他们都在"关注着这场惨绝人寰的战争"，并不约而同地为之慷慨悲歌。巴尔蒙特、勃留索夫、索洛古勃、戈罗杰茨基、利佩斯基等人的名字纷纷出现在各种报纸刊物上使人目不暇接。他们全都拨动着"枪炮的轰鸣"，这同一根琴弦。连一向钟情于"甜歌艳曲"的岑佐尔也深受战地歌声感染，昂然舞动起一笔激情。

　　我姑且抛开这几位诗人的作品而直接分析一下当代女诗人奉献给我们的歌。

　　这些天之骄女原本就寥若晨星，而其中的多数又在她们诗才横溢的盛年如"金色的星星"陨落长空。米拉·洛赫维茨卡娅便是一例。我们也没有忘记着"一身白缎长裙的新娘"娜杰日达·利沃娃。不过，为了不离题太远，我还是继续将这堆我着手理顺的乱绪缠线成团吧。

灰蒙蒙的远方哭悼于暗淡的春华，惜别的女人悲恸于征战的丈夫和情人。一个名为季娜伊达的女人也不禁潸然泪下，因为：

狂乱的心浸透憾恨和痛苦，

哪堪别离，实难将息，

它只好呜呜而泣……

这还算不得什么。眼泪畅快流淌毕竟可一遭哀痛。只可怜那些新嫁娘，前怕他人飞短流长，"两个恶毒的女人，已准备好搬弄新的是非"，后怕公婆训斥逼视，唯有独自把泪水咽下。

她欲哭无泪，心在哀哭，心在泣血。当她默默倚墙听到心上人说"我们团明天就出发"时，怎能不心恸神伤？

不，是撕肝裂肺。

这正是那"被母亲远嫁"的姑娘在哭泣。

这位季娜伊达没有振臂高呼"到战场上去！"她为那些留守家园的人而歌，为那些远赴疆场的人而泣。莹莹泪光映衬出她雅罗斯拉夫娜般的圣美。

尽管"本应如此……本应如此"，她还是不屈地要向命运讨还一个小小的公道。谢普金娜－库佩尔尼克也凄然落泪……她落下的同样是送走情郎的姑娘的相思泪。

> 密密又细细，一针连一线，
>
> 深夜到黎明，通宵又未眠。
>
> 又熬过一个寒冬长夜，
>
> 梦也难合我疲惫的眼帘。
>
> 我的心满是累累的痛楚，
>
> 鲜血浸泡着它的伤口……
>
> 我还能为他献出什么，
>
> 除了泪水、祈祷、苦苦相候？

姑娘缝着新衣，泪水止不住地淌，不觉陷入沉思：

> 就要做完手中的衣裳，

只需几针便缝成新装。

在遥远的战场，血腥的战场。

新装呀，谁会把你穿身上，

谁会把你当作节日的盛装，

穿上你准备勇敢地去打仗？

也许战斗中他不幸负伤，

用你替换血染的破军装？

一想到这雪白的麻布衫或许被鲜血浸染，姑娘不寒而栗，浑身打颤。

可是从下面的诗行中又发散出宁静而柔情的莱蒙托夫摇篮曲的清韵：

无名的士兵，不管你是谁，

我都要祈求圣母保佑你。

我把这圣洁的神像

同希望一起缝进了新衣。

接着又传来忧伤的曲调，也许他冰冷的胸膛上覆盖的正是她手中的布衫。姑娘强压下心中的感伤，暗暗立下一个誓愿：

> 我不要，不要为他……宁愿为别人……
> 就让别的姑娘给他缝一件吧。

她不担心他无衣蔽体，因为她知道：

> 从这一处到那一方，
> 哪家女人不在缝衣裳，
> 遥想战场上的人儿，他，
> 心便颤抖得没了声响……

但谢普金娜—库佩尔尼克为所有遭逢这场灾难的人们哀泣。不过她的泪多半是母亲的泪。她们多半在"无望的期望中"煎熬，在圣像前虔诚祈祷。如同安德烈和奥斯塔普①的母亲，她们也无奈地哀叹连连，用哭红的忧郁的泪眼仰望神明，期

---

① 安德烈和奥斯塔普是果戈理作品《塔拉斯·布尔巴》中的人物。他们是老塔拉斯的两个儿子。

望着神护佑她们的孩子，逢凶化吉，平安归来。

在"军列"旁黯然神伤，别洛戈尔斯卡娅一躬到地以此表示一个女人对远上疆场的兵士的敬仰。她轻轻吟叹："你们就要走了"……

　　我的心是一只受伤的鸟，

　　一只鲜血淋淋的受伤的鸟。

我暗中听到了雅罗斯拉夫娜们的恸哭，但也听到了贞德们吹响的嘹亮号角。当我们哥萨克报捷的凯歌响彻国土时，柳芭芙·斯托利察即刻抚琴鸣弦。

　　哥萨克啊，你扯开嗓子吼几声吧，

　　提起你凯旋的长矛展翅翱翔，

　　带上俄罗斯苍鹰般豪勇的气魄，

　　带上俄罗斯雄雕般锐利的目光，

　　带上意志神勇的金鸟，

　　从年轻的斯拉夫人的土地，

　　飞向迢迢千里外的异邦！

玛丽亚·特鲁别茨卡娅也大声呼号：

诗人们，你们如今还要沉默吗？
一个雄浑的声音如洪钟般响起：
复苏吧，伟大的战争梦想！

这位贞德号召诗人们奋起呐喊，效忠这片圣土。

为捍卫这片土地
士兵们奋勇迎敌。

赫梅利尼茨卡娅的诗句也非常精彩：

在火热的斗争中，你不要号哭
摔伤了胸口的兀鹰的痛苦。

的确，在斗争中眼泪一无所用，因为

高傲的飞鸟不畏惧任何险阻，

它们不畏惧任何暴风雨。

她满怀豪情为出征的将士高歌壮行：

亲爱的将士，你们可要勇敢地前进，

你们的头颅可要高高昂起！

黑夜将去，冬天已临近，

就要就要报国杀敌。

我只引用了那些能鲜明表现女诗人对这场战争态度的诗行。我把她们分为两个营垒。无论哪一方对于去家征战的兵士都有各自的一整套观点。争论孰优孰劣并没有意义。

我们既需要贞德们，也同样需要雅罗斯拉夫娜们。前者高举战旗是一种壮美，后者泪水涟涟是一种凄美。

每当我阅读乌斯宾斯基的作品……

1915 年

杨怀玉　译

每当我阅读乌斯宾斯基的作品，苦难生活的全部真相便历历在目。我认为还没有人比乌斯宾斯基更了解我们的人民。六七十年代的民粹派对现实的粉饰不过是对民众形象可悲又可笑的歪曲。首先他们把农民当作玩偶，农民对于他们不过是聊以自娱的无知幼童，不谙世故，未染纤尘，而乌斯宾斯基展示给我们的却是这些人真实的生活。了解民众未必一定要走到乡间，即使在拉斯捷里雅夫大街乌斯宾斯基也清晰地看到了他们。他不是从某些侧面，而是全方位地展示他们。民粹主义者装腔作势，只会嘲弄生活的表象，乌斯宾斯基则不然，他怀着一颗真挚的心，用果戈理式的辛酸语言来嘲弄生活的本质。

天父之语

读安德烈·别雷的长篇小说《柯季克·列达耶夫》，1918 年

杨怀玉　译

我们深深感戴别雷以他非凡的伟力将语言从尘世拉升至天宇。这语言仿佛由他用空间塑造，还用了神的"油脂"[①]和那块画着耶稣被人从十字架上放下的盖棺布的哀号[②]。

在《柯季克·列达耶夫》这部当代最具才力的作品中，别雷用话语抓起了我们只可隐约意会的思想，竟能在现实中拨出了他梦幻世界中鸽子的尾羽，清晰地描绘了我们身上潜藏的精神，可能如同褪去鳞皮般脱离肉体的画面。

我们的言语宛如一堆沙土，其中埋藏着开启真理的珍珠粒。我们竭尽心智，苦思冥想真理何在，就像冰面下水中的游鱼使劲咬住横落水面的月影，但我们对这冰面砸了许久，

---

① 指黑土。

② 指祈祷。

才惊觉其中空无一物，那一圆昏黄的，看似近在咫尺的月亮反而"噌"地一下升得更高。许多于我们可望而不可即的东西别雷却能准确地用牙齿咬住它们的脐带。真正的艺术家对于我们的某些情感既不刻意描写，也不絮絮说教，他们如同克留耶夫精彩诗行中所描绘的那位渔人：

在静谧的河湾他放下捕捉和音的网。

从诞生之日起语言就像是一柄魔勺，从未开的混沌中舀出神奇活水。随着一声"要有光！"它便用这水挂起了天和地，还有依此法造出的我们芸芸众生，生来就注定去找寻传出天使号声的大门，注定去找寻开启这扇大门的"金钥匙"。"美好的事物总是眼前没有的东西"——卢梭如是说。但这并不意味着它不存在。其实它就在守护者紧紧拽住的帷幕外，如同远天的星子时时召引着我们。对故国浓浓的惆怅，对往昔淡淡的记忆无不告示着我们只是漂泊无依的游子，某个地方一定有着我们的家园，那里

金栅栏边

圣母在给

白山羊挤奶……

　　当我们热衷于所目睹的情景和回忆的事物并为它们激动不已的时候，只有借助安德烈·别雷所描述的"背地里的窥视"才能最终从大地迈进我们的归宿之地。

　　因"玄妙之言"不为人理解而叫苦不迭的未来派被《柯季克·列达耶夫》的成就彻底摧垮。未来派创作中隐晦难懂的形式更加清楚地表明步未来派后尘者只会本末倒置，如同套马者不套马头而套马尾一般。

　　"选出你们祈祷词中闪烁着上帝灵光的话语吧，"马卡林·热尔达沃茨基①总是这样教导自己的门徒，"罪人可从中获得拯救，圣徒可从中得到升华……"

　　此言的要旨几乎贯穿了安德烈·别雷的整个创作。

　　问题的实质不在于变换对象外形的戏法，也不在于词语的故作姿态，而恰在于捕捉和把握本身，一旦具有这样的能力，如果夜里你梦见了果汁，那么翌晨起床时嘴唇便会因吃

――――――――――

① 马卡林·热尔达沃茨基是历史上的一位修士大司祭。

了甘汁而变得湿漉漉和甜腻腻。

但也有一些弯脊弓背的文字。它们也使出全身解数努力生下一个类同于那只叫"库瓦的红乌鸦"生下的蛋,可是它们的成就只局限于一个空空的蛋壳。

它们自身藏匿着某种从角落窥觑之类的本领。它们能够偷偷爬进天之囊中,咬去云之边崖,如蚁群般爬过艰险的缺口,如狗鱼般漫游湖中,如驰鹿般飞越清野,如兀鹰般高翔云端,可是千变万化都只是那个最平淡无味的形象的幻变。无论灵魂如何执着于摆脱外壳的束缚,外壳却始终如铁钩般钩住灵魂不放,因而成了现在这副扭曲的样子。

无意义语言在世界上占据重要的地位,因为词语彻悟者们已经认识到词语不是词语本身,而是闪烁于词语之上的灵魂之光。当然要达到这样的境界需要歌德那种天才。他不懂土瓦本语,无需借助辞典依然能读懂黑贝尔①的作品……

冲破我们理智外壳的词语是无意义词语。从表面上看它们既不能组词造句,也不能用破折号代替。它们隐性地参与着词语组构。尚未扭曲变形的思维理应学会理解这种参与方

---

① 约冈·彼捷尔·黑贝尔(1760—1826),德国诗人,小说家,用一种德语方言写作。

式，因为通往它的圣庭之门窄如针眼，只有技艺超群者才能顺利通过。而希望于此有所成就者只有在脱了几层皮后才可能于不期中踏入"词语大树"的荫翳之下。"我要去寻找那苦苦相念的天国，永世流浪在异国他乡。"科季马·印吉科波洛夫①用自问的方式解答了关于他为何离开俄罗斯的询问。这种"苦苦相念"的情感只有积淀到相当程度，我们才能领圣餐。

"我的床前飞来一颗小星星，眨巴眨巴它的触须……②"但好像靠近这一形象，也就是靠近"包围我们的大自然——就是你③"中的那幕大网时，透过网眼你便会看见一个新生儿，克留耶夫赋诗赞美：

> 兄弟们，请靠近我的躯体，
>
> 把我手脚的创伤亲吻，
>
> 获得新生的欣喜，

---

① 科季马·印吉科波洛夫，16世纪拜占庭商人和旅行家。

② 引自《柯季克·列达耶夫》。

③ 引自《柯季克·列达耶夫》。

压倒了精神诞生的阵痛……

"诗人的词语便是他事业的本质所在。"普希金曾经这样写道。是的，是事业，但不是茹科夫斯基所理解的事业。普希金的事业会带来"战斗中炽燃的狂喜，还有身临幽渊的欣然[1]"。人可以自由地选择事物，却没有脱离事物的自由。在人用头脑之指撕裂界幕的瞬间，他会情不自禁脱口道出目之所见，他甚至想重新拉拢帷幕，但已无能为力。

这就是我们创造精神财富的目的。只有无所畏惧，敢想敢做的强者才能最终找到开启真理之门的"钥匙"，面对大门开启的瞬间他将问心无愧地说："哦，语言，天父之语，我们和你一起插上轻风的翅膀，没有什么可以阻挡我们呼唤你……"

---

① 引自普希金《鼠疫流行时期的宴会》。

谈谈阿列申的《反照》

1918 年

杨怀玉　译

彼得·阿列申,《反照》,诗集,《革命社会主义》出版社。

> 上帝问：谁热爱故土？
> 流浪的轻风答：是他。
> 他悲恸于收割完的田野，在秋后，
> 在春天的阳光下，
> 他赤着脚，光着头，
> 又欢欣地扶着木犁在田野上奔走——
> 上帝啊，他最热爱故土。

在阿列申的书里这样平朴的诗句俯拾皆是，读来颇有暖意。它们宛若乡间的一泓镜水，倒映出月亮、教堂、家舍的影像。在我们今天，当"上帝混乱了所有的语言"，当昔日的爱国者们纷纷表示要摒弃和诅咒自古以来形成"故土"观念的一切时，这本书给我们带来了几分特别的快慰。甚至那如俄罗斯悠悠悲歌般愁肠百转的苦痛，我们用心读来也能获得审美享受，而清晰生动的诗行中所蕴涵的思索渐渐衍化为我们记忆深处那句亲切的祷词，即我们生命之初道出的第一句咿呀儿语："我们在天的父，你……"

彼得·阿列申的名字因为频频出现在彼得格勒的众多报刊杂志上而为广大读者所熟悉。不完全了解他的人自然不会对他有全面的认识。每位诗人都有自己钟爱的语汇、形象和独特的描绘色调。尽管有经验的读者会发现诗中不少错误和不足，尽管诗人遣用的某些意象如同啃面包皮的蟑螂损害了诗的意境，但是瑕疵丝毫没有玷污诗集自身流散出的清香。当我们看到"霞光织成的大网笼罩着茅屋顶"，当我们听到"大红公鸡在云端喔喔报晓"，自然而然形成一种印象，似乎正是这些意象才体现出这位短吟长歌的田园歌手的创作风格。

阿列申未来的创作空间应该更加宽广。但他的诗歌创作是蒸蒸日上还是江河日下，现在还很难下定论。不管怎样，凡是读过《反照》这本诗集的读者，倾听过下面这首歌的人都将对它久久难以释怀，正如记忆中存留的一半稠李余香……

明月隐入了云间，消失在
那云烟氤氲的篱墙之外，
茅屋后绽露了一缕晨辉，
嬉嬉抓挠着夜幽蓝的肋。

叶赛宁

玛利亚[①]的钥匙

1918 年 9—11 月

白伟　译

一

装饰就是音乐。一行行的装饰线条分配得极为奇妙、精美，就像是宇宙中一支永恒之歌的旋律。装饰的形象和姿态，就像是每时每地都在生存的人们永不间断的某种祈祷仪式。但是，谁也没能像我们的古罗斯那样，赋予装饰整个生命、整个心灵和全部理智，同它完美地交融在一起。在我们的古罗斯，几乎每一件东西都在通过自己的每一个音响、符号告诉我们，我们现在还仅在路途上，我们仅是"木屋车队[②]"；在一个遥远的地方，在我们肌体感觉的冰层下，有

---

① 叶赛宁以玛利亚为心灵，他认为装饰是开启人民心灵的钥匙。

② 改写自克留耶夫的诗行："遍布木屋的罗斯啊，是数不清的车队！"

一个迷人而冷酷的美女在为我们歌唱；在我们尘世事变[1]的暴风雪之后，理想的彼岸已不遥远了。

在探讨公诸我们面前的语言装饰秘密之前，我们先来谈谈零乱的日常生活视角下的装饰线条。很早以前就有人对装饰进行过研究。斯塔索夫[2]和布斯拉耶夫[3]等许多人在其著作中阐明了装饰的意义和方法；但是，谁也没能使这一研究达到应有的水平，谁也没能理解：

……屋顶的小马

是表示我们路途不很遥远的无言的符号。

——H.克留耶夫[4]

所有的学者都一味地钻在故纸堆里，力图首先找到装饰

---

① 指十月革命。

② 斯塔索夫（1824—1906），俄罗斯艺术批评家和音乐批评家，艺术史家。

③ 布斯拉耶夫（1818—1897），俄罗斯语文学家，文艺学中资产阶级历史比较学派的继承者。

④ 克留耶夫（1887—1937），俄罗斯诗人。

所反映的影响，力图证明，在装饰图案的花纹中，亚述①的念咒人要比波斯②和拜占庭的作用大得多。

当然，谁也不会否认，在我们十三、十四世纪的古代手写文献上留有塞尔维亚—保加利亚人反映的明显特征。拜占庭和保加利亚的基督教思想的传播者在这些手写文献上留下了鲜明的痕迹。谁也不会说，诺夫戈罗德和雅罗斯拉夫尔③的圣像绘制术会自然而然地拥有自己的结构。他们所有最伟大的大师都完全受了受洗礼的东方的影响。

但是，在这种情况下，受洗礼的东方绝没有为我们撒下任何种子，也没有使我们富有新的思想，而只是敞开了那些被秘密语言之锁封闭的门扉。

从我们刚记事的时候起，我们的艺术中最重要的部门就曾经是并且一直是装饰。但即使研究和审视这方面的专家的全部研究成果，我们也几乎没见到任何一种一致的说法，表明装饰以前就存在，早在希腊传教士来到我国之前就已经存在了。

---

① 公元前3000年形成的古代东方奴隶制国家。

② 伊朗的旧称。

③ 均为古代俄国的大城市。

从外表上就可以观察清楚的一切事物，无论何时也不会诞生于双眼闪着星光、头上罩着神秘光轮的马槽中①。星辰与圆环，乃是引导读者走向充满新生活和新鲜愉悦情感的花园的那种基本常识的符号。我们的研究者没能了解我们民间艺术的核心，他们没理解一个老者的吟唱：

我这个老头子啊

怎能不哭叫，

我这个老头子啊

怎能不嚎啕；

在茂密的针叶林里我把一本金书丢失，

在蓝色的大海里，

我失落了教堂的钥匙。

上帝对老头儿答道：

老人啊，你莫痛哭，别叹气，

我会用星辰给你织一本新书，

---

① 据《圣经·新约全书》载，玛利亚受灵孕将耶稣生于一马槽中。

我会用海浪为你把新钥匙泼出。

罗温斯基[1]出于民族自豪感强调指出了我国装饰图案的某种特点，然而这某种特点仅仅是些苍白无力的词语，说明我国的手工抄描者把对形象的精心描绘置于首位，而在其他国家则将其置于第二位。

人们所谈论的仅仅是书籍中的工笔画，而现存的真正建筑装饰的源泉却一直没能流淌出来，因而建筑装饰的教堂至今仍封闭着。

然而，整个经济和日常生活的轮廓向我们证明，这种装饰曾存在过，并通过那种用丝线在底布上绣出表示"家庭"的象征树的精美毛巾而留存至今。至于这棵树被犹太人称为"幔利橡树"[2]，因而与基督教一样作为一个名称而无偿地送给了我们，则是无关紧要的。斯堪的纳维亚的伊格德拉西

---

① 罗温斯基（1824—1895），俄罗斯艺术学家，版画及民间木刻的研究者和收藏家。

② 据《圣经·旧约全书》载，上帝向亚伯拉罕预言说他将生养一大批后代，他怀疑这一点，于是上帝在幔利橡树下向他显灵，肯定了这一预言。

尔树（被神化而加以崇拜的白蜡树）①，乔达摩②坐于其下的那棵树，和这棵幄利橡树，无论是从广义还是从狭义上，都是各国人民的"家庭"的象征。这棵树诞生于游牧生活时代。在古代，谁也不能像牧人那样自由地支配时间。他们是最早的思想家和诗人。《圣经》和其他旁门左道的伪经中的记载就证明了这一点。地球上对灵魂再世的多神教信仰，音乐、歌曲以及像花边一样精巧的生活哲学，都是纯净的牧人思想的结果。牧人（пастух）一词本身（пас，放牧，—дух，精灵，因为在俄语中 д 常常音变为 т，е变为 о，如 есень—осень；а 变为 я，如 аблоиъ—яблонъ）③就说明了它被秘密加上了一种意义。"我不是君王，也不是君王的儿子——我是个牧人，是星辰教会了我怎样说话。"先知阿摩司④写道。这些星辰是朝圣者的金书，正是它们才滋育了我们的世界象征树。我国的装饰首创者根

---

① 北欧神话中象征世界生活的世界树，世界结束时将自焚。

② 即传说中的佛教创始人释迦牟尼。

③ 叶赛宁的这种词源学探索，尽管在某种程度上是以阿法纳西耶夫的观察为依据的，但过于武断。牧人 пастух 一词源于动词пасти（放牧），该词中不存在任何 т—д 的语音交替现象。

④ 公元前 8 世纪的希伯来先知。

本不通晓梵文，但是，他们像乔达摩一样通过肚脐解除自己的束缚之后①，理解了这棵象征树。他们认为，树叶是指甲，树枝是手指，大枝是手臂，树干是身躯，树根是脚。因而我们是树的儿女，我们就是亚伯拉罕在树下遇见三位一体②的圣灵的那棵世界橡树的家庭。我国的壮士歌③《勇士叶高里》中也提到人是起源于树木的：

> 他们的毛发是草地，
> 身躯是树皮。

人起源于树木这一说法，与音乐一道，也导致了神话史诗的产生。

在我们的神秘祭典④中，音乐起源于树木的说法，是我们掌握的开启和关闭智慧殿堂门扉的最完美的钥匙。没有什

---

① 指出世。

② 即上帝，圣父、圣子和圣灵三位一体。见《圣经·新约全书》。

③ 系作者笔误，应为圣诗。

④ 指全部民间口头创作。

么贝奥武甫① 和维涅梅宁②，我国人民仅通过一个普通的无名牧人便解开了两种隐秘的神力。这个牧人仅仅割断了坟墓上的一株芦茎，这株芦茎便借牧人之口向人世诉说出自己神奇的秘密："吹吧，吹吧，小牧童，快用歌声驱散我无尽的忧伤。你拿的不是一支普通的短笛。我以前是个少女。姐妹们把我杀死了，因为那小小的银盘，因为那多汁的小苹果。"在这里，芦茎这一形象中就融合了三点彻悟。

阴间与阳世的交接点，就在于人们对灵魂可以再世的潜在的信仰。

没有牺牲就不会得到任何东西。不魂游阴曹就不会了解任何一个秘密。当然，并没有什么姐妹杀死了自己的胞亲；杀死她的，乃是因为创作而变得六亲不认的我国人民，他们在自己的心中杀死了她，为的是更易于使自己同音响和语言的秘密融合在一起，把这种秘密作为一种形象而掌握在手中。

一切都起源于树木，这就是我国人民的思想宗教。但是，无论是在过去还是在将来，只有极少数的人才能理解这一迦

---

① 英国英雄史诗《贝奥武甫》中的著名英雄之一。
② 芬兰民族史诗《卡勒瓦拉》（又译《英雄国》）中的英雄之一。

263

拿婚宴①。古俄罗斯文献和建筑装饰的研究者主要是忘记了，我国人民用口生活的时候要比用手和眼的时候多得多，他们用语言陪伴着世界中的各种现象；并且，如果要借助某种手段来表现自己的话，那么这种手段的形象就总是具体的。我们的音乐和史诗是借助树木的符号而共同产生的，这使得我们不能把它们的产生看成是神话传说中的偶然事实，而应看成是我们的远祖早已认真定论了的观念。我们尚未弄懂的、谁也未能猜透的实用装饰就证明了这一点。

我们屋顶的小马、百叶窗上的雄鸡、门廊柱上的白鸽、床单和衣物上的绣花等等，同毛巾一样，都不是普通性质的图案，这是一部关于世界的出路和人类的使命的伟大的历史性史诗。无论是在希腊神话中，还是在埃及神话中，无论是在罗马神话中，还是在俄罗斯神话中，马都是志向的标志。然而，只有俄国的农夫才想到把它放置在自己家的屋顶上，把自己的居室喻为它所牵引的车。无论是西方，还是包括埃及在内的东方，都没能想到这一点，即便是千百次地从文化中自我追溯也无这种先例。这是在永久牧场上举行秘密宗教

① 据《圣经·新约全书》载，加利利的迦拿有人娶亲办宴，邀请了圣母、耶稣及其门徒。宴席中酒喝光了，于是耶稣将石缸中的清水变为美酒。这是耶稣行的第一件神迹。

仪式的西徐亚人的根本特点。"我走向你，走向你的怀抱和牧场。"我国的农夫一边把马头擎向天空，一边这样说道。这种把家园看作是永恒现象的意图，也流露在百叶窗上的雄鸡这一象征之中。大家知道，旭日初升，雄鸡乃鸣。雄鸡永远是日出的报讯者，因此农夫才并非无端地把它置于百叶窗上。这里暗寓着雄鸡可以接触和感知太阳的深奥含义。通过这一象征，这个农夫告诉所有路经他农舍的人："这里住着一个跟着太阳而履行生活义务的人。每当太阳初升，用胡须一样的光线把温暖塞进土地的孔穴中时，这个农夫就随它一道起床，把我劳动的种子播进这些已经温暖的孔穴里，我就是这样有福气，这些种子填饱了我的肚子，也喂饱了百叶窗上的这只雄鸡。它像个卫士似的站在我的窗前，每天清早扑打着翅膀，啼鸣着迎接从山后缓缓升起的太阳，一边唤它的主人起床。"门廊柱上的白鸽是有温和护佑的标志。这是农夫对来客的语言："温和笼罩在我家的上空，不管你是谁，到我家来吧，我欢迎你。"农夫在门廊柱上刻出这只白鸽，也是为了向来客致意。刻出的白鸽，双翅是张开的。它扑打着翅膀，好像要飞进那刚踏上为世界和人类作着祷告的农舍殿堂台阶的来客心中，好像要说："你满怀兴致看我，就会了解这间农舍的秘密。"的确，只有细加体察，才能够了解隐存于装饰的魅力中的这种农舍戒律的明哲。如果我们俄罗斯的哪一个人理解我们无言的农夫所设置的秘密，那么他就会深感我们所有的家庭手工业者及其继承人对这一农夫真理所进行的恶意十足的中伤。他就会赶走他们，像从殿堂中逐出商人，逐出责难圣灵的人一样。

不，我们不仅仅是借助字母的装饰和工笔画的插释在书卷中藏匿了我们令人彻悟的文化。我们几乎使周围的一切事物都在生存着，祈祷着。看看我国农民床单和枕套上的五彩花纹吧。在那上面，十字、花朵和树枝伴着某种庄严肃穆的色调而交织在一起。毛巾上树木的意义，我们已经明晓。它绝不会绣在毛巾以外的其他任何物品上，为此我们还应当说明，这里也隐含着深奥无尽的意味。

树就是生命。每天早晨起床后，我们都要用水来洗脸。水是净化的象征，是为新的一日作洗礼。我国人民在用绣有树木的麻布擦脸的同时，无声地诉说着，他们没忘记远祖用树叶擦脸的秘密，他们记得自己是那棵世界树的后裔。他们跑到树枝的遮掩下，将面庞埋在毛巾里，好像要在自己的双颊上印出哪怕是一根树枝，以便能像这棵树一样从自己的身上撒下语言和思想的球果，从自己树枝一样的手臂中散射出美德的凉荫。床单上绣的花属于对美感知的范畴。它们表示花园般的世界，或者一个劳动了一整天的人的休息。它们似乎既是对劳动日的庆颂，大致上又是对农民的生活意义的庆颂。

这样，通过分析表面上似乎不引人注目的全部日常生活，我们接触到了一部心灵和符号奇妙地交织在一起的极为复杂而深奥的装饰史诗。用普希金的话来说，"从这里"我们看到了"江河的源头"[①]。

二

在人迹罕至的俄罗斯雪地上，继实用装饰的文化之后，开始显露出语言艺术的足迹。还在 10 世纪和 11 世纪，我们就已遇到了许许多多的神话作品和伪经作品。这些作品在语言和形象的选择与运用方面使我们感到震惊，这不仅是因为其立论不拘泥守旧，还因为其结构巧夺天工。当然，若没有当时骑着基督教的驴驹[②]四处云游的西斯拉夫人的某种文明

[①] 根据普希金的诗行"我从这里看见了江河的源头"改写而来。

[②] 据《圣经·新约全书》载，耶稣曾骑着一头驴驹进入耶路撒冷。

的渗透，这一结果是不可能的。但是，这种渗透刚一浸入语言创作的圣水盘中，就被色彩斑斓、光华四射的俄罗斯生活消解得荡然无存。

西斯拉夫人最先送我们的乃是文字。他们给我们送来了用以表达音响的符号。但是，他们在这方面的功劳并不是很大的。过若干时间后，我们自己也会找到这些符号，因为我们已经寻觅到开启人类理智的最关键的钥匙，这就是表达心灵的符号，即农夫借以在木屋中举办祭奠的那些符号。

农夫的木屋，乃是其远祖所规定的概念和对世界的态度的象征。远祖们把深奥莫测的遥远世界譬喻成他们温和家园中的各种什物。正因为如此，我国歌谣中的语言世界才像是一个一切都在运动、变化着的永远闪光的偏爱之国。

例如，木屋中的红角①喻指朝霞，天花板喻指苍穹，横梁木则喻指银河。这种明哲的布局有助于我们搞清言语机器中哪怕是最微小的环节。

在我们的语言中，有许多诸如"七只瘦牛吞食了七头胖牛"的词汇。它们本身囊括了其他许多词汇，有时用来表达极为冗长复杂的思想概念。例如，умение

---

① 木屋内正对门口的一处，专为迎接、招待贵客之用。

268

（умеет，善于）一词就囊括了ум（智慧）、имеет（具有）等几个词。这些被囊括的独立词在该词语（指умение——译者注）像家园一样的概念中，都表达着自身的意义。在这一点上，我们语法中的动词范畴更是光灿夺目。这一范畴所具有的一整套变位规则，是从"套马驾车"这一概念得来的，即将一系列具有某种含义的词汇，"套"在一个词上，就像一匹上了套的马，帮助心灵远足思想王国。我们的形象基本上都是以这种"瘦词吞食胖词"和"套马驾车"的概念为基础形成的。这些形象通过活动的近似程度组成了两个对立的现象，从而产生了隐喻：

月亮——白兔，

群星——白兔的足迹。

出现这种情况的主要原因是，宇宙的秘密曾使我们的前辈们深感不安。他们屡次试图打开通往这一秘密的几乎所有门扉，因而给我们留下了许多美妙的万能钥匙，至今仍珍存于我们语言记忆的博物馆中。在研究我国神话史诗的花纹的过程中，我们发现了许许多多这类说法，即人恰如一只盛满多种极大独特性的碗杯。《鸽书》①中也这样记载着：

> 我们的思想来自上帝的云朵……
>
> 灵魂来自风……
>
> 双眼来自太阳……
>
> 鲜血来自浓黑的海水……
>
> 骨骼来自磐石……
>
> 身体来自潮湿的土地……

古时候的人在四处走动、情绪起伏的同时，不能不提出这样一些问题：人是从哪里来的？太阳是什么？人周围的生活到底是怎么回事？他在从一切事物中寻求答案的过程中，似乎发现了自己在内心里对自己和世界的屈从。他一边猜解着地球上各种运动的疑团，一边给每一件物体和每一种状态起着名称，在学会了保护自己不受各种现象的侵袭之后，他决定以同样的手段使自己顺应乖戾的自然现象和驯顺的空间。这种顺应表现在他对四周都作了可说是他所能理解的布置。例如，太阳被喻为车轮、牛犊等物品，云朵像狼一样嚎

---

① 记载世界起源和几种现象起源的俄罗斯圣诗之一。

叫等等。通过这样的配置，他就可以明晰地分辨出天空中运动着的一切状态。

在我国的北方省份，至今还这样形容连绵的阴雨天：

狼群撕碎了太阳。

这种用地球上的物体装满空间世界的做法，早在几千年前的埃及就已经存在了。《埃达》[1]中说，世界是由死去的伊米尔身体的几部分组成的。印度的《吠陀》[2]借助祭司之口肯定了与丹尼尔·扎托契尼克[3]相同的说法："人体之固以经脉，犹树林之固以根系。以刃断脉，乃见汁血外溢，汁血者，水之似物也。"作为一个在发展精神财富方面年轻的民族，我们在经验不足的人看来，可能像是前人已走过的这些道路的天才描绘者。然而这不过是这些经验不足的人的盲目无知而已。

首先，任何神话，不管是埃及神话还是巴比伦神话，不

---

[1] 冰岛史诗。其中称土地是由巨人伊米尔的肉体变来的，森林来自其毛发，天空来自其颅骨等等。

[2] 古印度宗教文献和文学作品的总称。其中称石头由梵天的骨骼变来，植物来自其毛发等等。

[3] 古俄罗斯作家。

管是犹太神话还是印度神话，其本身都是一定观念的产物。不通过与地球上的事物作对比，有关空间世界的观念是不可想象的，四处的土地都是一样的，波斯人看到的东西，楚克奇人①也会看到，因此，最初步的知识是一样的，所以既要学习掌握它而又避免雷同之处，几乎是完全不可能的。

只有在心灵的意向中才会有独立的线条。民族间的生活什物越不相同，这种线条的特点也就差别越大。我们的实用装饰图案和罗马风格的铁鹰就充分肯定了这一点。铁鹰的双翅神气十足地向西方展开，这强调着德国人幻想战胜向它进攻的整个欧洲的意向。意向的不一，当然就导致了手段的不一。巴比伦人需要塔，是因为俄安内②曾在乌云的牧场上牧放过太阳公牛……俄罗斯人之所以仅需要将一匹头昂向天空的小马高悬屋顶，那是因为雷电之神和雨神曾用风神的毒箭颂扬过宇宙橡树。但是，地球上的手段是大家所共有的，就好像人人都可以享受日晒、风吹和月照一样昭然若揭。

任何人都有权利驾驭诗歌装饰。既然赫默斯·特利斯米

---

① 俄国境内的少数民族之一。

② 传说中的巴比伦文化的创始人。

吉斯特①说过："天上之物，乃地上之物；地上之物，乃天上之物。天上有星辰，地上也有星辰"；既然荷马认为，语言"像鸟儿一样是从木栅般的牙齿后面飞出来的"，那么我们的博扬②也不能不给予手指和琴弦这样的形象，即把手指比作十只雄鹰，把琴弦喻为一群天鹅，不能不像特利斯米吉斯特那样升上那思想如同树木的天空，而他自己——"维列斯③的子孙、预知一切的博扬"，则像一只夜莺似的蹦跳在这棵思想之树的枝条间，因为雄鹰和天鹅依照自然本身的规律降生于音乐现象和创作图画的同一马槽之中。

古代的歌手、抒情诗人、行吟诗人、说书人和唱诗人，在自己的歌声中往往要借助装饰形象的同一规律来力图传达出禽鸟的啼鸣，难怪我国人民在歌曲中把海外的音乐家称为索洛维·布迪米罗维奇④。听听荷马的诉说吧，其实他已再清楚不过地强调了从羽族王子获得声音的技巧。如果说语言是一只鸟，那么它的声音便是这只鸟的鸣啼；如果说牙齿是木栅，那么血管或许就该喻作鸟儿为自己筑巢的那棵潜意识

① 古埃及人的月神。

② 《伊戈尔远征记》中提到的传说中的古俄罗斯诗人。

③ 古斯拉夫人的多神教的神灵。

④ 意为唤醒世界的夜莺。

垂下的树的枝条。这里的一切都无可非议，这里不存在任何多余的特征，接受这一结构的思想不会像绊在秋日的草墩上一样绊在这种多余的特征上。在这里我们看到，形象是借助组合而产生的。组合为我们生就了声音的面庞、空间运动的面庞和地上运动的面庞。我们的博扬"像蹦跳于思想之树上的夜莺"，利用一组极为固定的形象，像荷马一样讲述了一整卷他如何看待语言创作的史诗。我们看到，他的内心中有一整套如何看待自己及如何看待世界的学问。他自己可以像苍鹰一样在云层下翱翔，像狗鱼一样漫游海洋，像鹿儿一样奔驰在原野，但是对他说来，世界仍是一棵枝杈上结满思想和形象之果的不可撼动的永存之树。

我们地球神话中对自然力量的神化和借助风神或波瑞阿斯[①]的名字所描绘出的风的面庞，正是我们祖先在宇宙秘密的王国中的创作方向。这就是产生了神秘文化字母表的那一形象。思想为其所不知的事物罩上了鱼网，将其捕获后涂上名称的色彩。字母表中的第一个字母 A 正是一个跪着抚摸土地的人的形象。他双肘抵地，目视前方，仿佛在猜解土地本质的符号。

---

① 希腊神话中的北风神。

字母 Б 表示这个人触摸天空。他行动的方向已经与 A 相反了（因为天空和大地是相互对立的）。他跪坐的符号表示他已感觉到大地和天空间的空间世界。他举起的双臂仿佛描绘着苍穹，他凭以坐地的弯曲的双膝则仿佛描绘着大地。

猜懂土地的本质并感觉到其上方被蓝天所遮蔽的空间之后，这个人伸出双手来触摸自己的本质。肚脐是人体的中心，因此，这个人在确定自己或者说触摸自己的时候，不知不觉地将双手放到这一结点上，这就形成了字母 Б。往后的字母排列已闪耀着认识世界本质而产生的思想光华。这个人在感觉到自己之后，站起身来，挺直了身子，把双手再一次伸向空中。在这里，他的活动通过那些他借以寻求自己与天地和解的符号象征，决定了字母表以后的顺序。字母表以字母 Я 的形状为结尾是很有道理的。这个字母把双手置于肚脐（表示自我认识的符号）上的人描绘成在土地上，即在从字母体中间引出的两条线上行走的人。表示的恰恰是起步的右脚和支撑着身体的左脚。

通过这英明的启示，即标志着我们已完全获得了书写符号的这一步，我们看到，这个人还没有最终完全找到自己。他明智地祝福自己带着他所发现的本质这套家什走上一条永久的道路。这是一条表示运动、运动，只管向前运动的道路。

如果我们通过这种方式就能弄清创作思想的全部意义的话，那么我们就会看到我们思维木屋建设中的几乎全部组成部分。我们就会看到，形象圆木是怎样一根搭一根地表现自己的，就会看到声音是怎样搭配在一起的，就会了解元音和辅音的秘密，在元音和辅音的交接处隐含着土地因与天空联姻而产生的悲伤。我们就会发现一个含义深远而又极为微妙的秘密，那就是农夫怀着温情和爱恋用原始的线条勾画空间现象的那一间农舍的秘密。我们就会爱上这间农舍的整个世界，包括那百叶窗上的雄鸡、高悬屋顶的小马和门廊柱上的白鸽。我们所倾注的，不是普通的视觉的爱和对美的事物的感知，我们是通过一条最正确的智慧幽径才爱上并了解这一世界的，在这条幽径上，语言形象迈出的每一步，都像自然本身的主要结点那样重要。

当代艺术并不了解这一结点，因为它存在于但丁、黑贝尔、莎士比亚和其他一些语言艺术家的作品中的事实，对于当代艺术的代表者来说，早已像死寂的幽灵一样销声匿迹了。兽性的叫喊者、无知至极的批评和城市百姓第三纪①的愚昧

---

① 地质年代名称，此处喻指时间很长。

状态，使这一结点被偷换为钢铁美国的蠢笨的喧响和妓女醉腮上的香粉。被农民外出打短工和工厂搅得半死不活的农村尽管挥霍无度而又不修边幅，却仍然是这一秘密的仅存的保留者。我们不能隐瞒的是，当我们目睹我们借助形象以心灵的理智所造访的这一农民生活天地时，遗憾的是它已在临终的病榻上"回光返照"。它像一条被波浪掀到大地之岸上的鱼儿苟延残喘。它痉挛着，用双鳃捕捉着哪怕是一丝对它亲切的空气，可是却没有捕捉到；进到鳃里的是沙土，它又像一根根的钉子似的扎透了它的血管。

我们伫立在这支人的神秘歌曲垂危的床头。这支神秘之歌仅仅是因为口渴才吞饮了像奥赫塔①的圣母或者白鸽一样的教派信徒的脏水洼中的污水。这阵旋风在给旧世界、给压迫群众力量的世界剃着胡须。我们觉得，这阵旋风是拯救垂死者的天使，它把手伸给垂死的麻风病人，说道："抬起你的病床，走吧。"

我们相信，这种妙手神医如今在农村会萌生更为纯洁的新生活的感觉。我们相信，农夫凭窗远眺时所用的不仅仅是一只崇敬上帝的小眼睛，还应该是一只像地球一样巨大的完

---

① 莫斯科附近的一个地名。

整的眼睛。创作的星书现在已再次敞开。老者失落于海中的那把开启灵魂殿堂的钥匙，已被海浪冲刷出来。人民将不会忘却那些掀起波浪的人，人民将会用自己的歌声来感谢他们。曾经目睹其创作生活、死亡以及复活的人们，将会再一次听到自然以及人的本质的主要结点的洪钟齐鸣似的答复。这样的答复即在如下的（也许还会有比这更有力、更美丽的）诗行中：

> 亲爱的女郎，
>
> 卷起了
>
> 卷起了淡黄的鬈发，
>
> 她顾盼着
>
> 圆圆的月亮，
>
> 从水中
>
> 采撷出花纹。

未来的艺术将会像一个世界花园一样繁荣昌盛，果实累累。在那里，人们将会怡然自得地围在一棵巨大无比的树的枝阴下休息。这棵大树就叫作社会主义，或者叫作天堂，因为天堂始终幻存在农民的创作中，那里没有耕地税，那里的"木屋都是新建的，都是用柏木板钉成的"，在那里，古老的时光在牧场上徘徊，把所有的部族和民族召集在世界的巨桌旁，分给每人一只金杯，给他们斟上甘甜的美酒。

但是，在通往这一艺术世界的道路上，除了已清除的外部世界的障碍之外，在对形象和思想的接受方面还存在着许多荆棘丛生的野蔷薇和灌木林。人们应该学会读懂他们已忘记的符号，应该领悟到，所有这些符号，正是把先知伊利亚[①]载往云端的那辆马车。他们应该了解，他们的祖先不是通过普通的书卷送给我们菲塔和依日察[②]，而是把它们作为一本敞开的书的符号，在我们心灵的书卷中送给我们的。人从后一个符号出发去寻找自己。他想找到自己在空间中的位置，于是就把这一空间用字母⊙的形状表示出来。在这一空间符号之后，在其北极的山峦之后，是字母Ѵ的画像。字母Ѵ表示的恰是一个沿着苍穹走路的人。他迎着从字母Я走来的人走过去（运动规律为圆周）。

---

① 犹太先知。据《圣经·旧约全书》载，他行了许多神迹之后乘神火车升空。

② 教会斯拉夫语的第四十一个字母⊙和第四十二个字母Ѵ的名称，此处指宗教文化。

字母⊙中的波状线表示的是两个行人应该相遇的地方，天上行人的头和地上行人的头重合在一起。这表明天翻地覆而联姻为一体。空间终将被征服，人们将会像完成工程计划一样，在世界的创作画像上画出明显的建筑标线。对于航空者的眼睛来说，空中的暗礁像水中的暗礁一样易于分辨。四处都会设置浮标，以保证航程的安全，地球的人类不仅要与同地球邻近的卫星，还要同他们所能触及到的整个广袤无垠的世界相呼应。

　　但是，为了达到这一点，我们尚有大量的内部工作要做。我们应当进一步搞清我们自己的本质，应当不依身体的年龄，而是依心灵的年龄来反省自己，因为一个霜满两鬓的老人在心灵上有时仅像一个十五岁的少年，一个因为写诗而遭受福波斯①鞭罚的少年。我们有许多人恰如这样对待自己，但也有许多人天生就是无所作为、盲目无知的。这些人的眼睛应该动一下手术，以便他们能够看到，天空并不是金刚石般的群星镶嵌的框，而是一片永不枯竭的浩瀚无垠的海洋。星辰像数不清的鱼群生活在这片海洋里，而月亮只不过是渔夫弃置的一具捕鱼笼而已。

---

① 即希腊神话中的太阳神阿波罗。

为此，我们首先应当最精确地仔细观察我们真正的创作和迷途者的创作的道路，应当把形象划分成定义的法则，强调形象的多产功能，并把它们置于一个合唱团里，就像根据光亮而排置月亮、太阳和地球的位置一样。

创作的实体与人体一样，在形象上可分成三种，即心灵、肉体和理智。

属于肉体的形象可叫作装饰形象，属于心灵的形象叫作船只形象，第三种形象，即属于理智的形象，叫作天使形象[1]。

装饰形象同隐喻一样，是用一个物体来喻指另一个物体，或者说是用我们所熟悉的物体名称来为空间命名。

> 太阳——车轮，牛犊，兔子，松鼠。
>
> 乌云——枞树，木板，船只，羊群。
>
> 星星——钉子，子粒，鲫鱼，燕子。
>
> 风——鹿，西夫卡·布尔卡[2]，扫路人。
>
> 雨——箭，禾苗，玻璃珠，细线。

---

[1] 装饰形象即比喻，船只形象即扩展比喻，天使形象即象征。

[2] 灰白色和粟色的马的名称。

虹——弓，大门，门柱，弧，等等。

船只形象是在某一物体、现象或本质中捕捉到的装饰形象，像大船一样在水中游动的一股水流。比如，大卫[①]就说过，人是借助语言像雨水一样流动的，他口中的舌乃是开启他的宇宙殿堂般的心灵的钥匙。思维对于人就是琴弦，人是靠琴弦的声音来为上帝谱写歌曲的。所罗门[②]看着他美丽的书拉密的面庞，赞叹不已地说，她的牙齿"真像是从基列山上跑下来的一群剃光了毛的山羊"。

我们的博扬对我们唱道："涅米加河畔谷捆的人头把地面铺盖。钢制的连枷使人头脱落，生命被放在打谷场上，灵魂被从身体中簸出。涅米加河血红的两岸上埋种的不是幸福，那是俄罗斯儿女的尸骨。"[③]

天使形象乃是创造，或者说是从这种装饰和船只形象凿出的一个窗口。在这个窗子之后，水流以一种面貌创造出另一种或几种新的面貌，书拉密的牙齿再不"真像是"，而是

① 《圣经·旧约全书》中的以色列国王。

② 大卫之子，以色列国王。

③ 作者引自《伊戈尔远征记》的引文，但不够准确。

消除了与牙齿的任何类似，变成了一群真正存活下来的从迦勒德山上跑下来的山羊。以天使形象为基础，形成了从埃及空中神牛①时代起直到我们多神教时期为止的几乎全部神话。在我们的多神教中，风神的子孙，即风，"像箭一样从海面上吹来"。天使形象基本上贯穿在所有民族的优秀作品所表达出来的意象中，如《伊利亚特》《埃达》《卡勒瓦拉》《伊戈尔远征记》《吠陀》和《圣经》，等等。以天使形象为基础的纯个人主义创作有埃德加·坡②的《艾里多拉多》，朗费罗③的《海华沙之歌》，黑贝尔的《夜话集》，乌兰德④的《天国盛宴》和莎士比亚所描绘的哈姆雷特的内心和《麦克白》中的女巫和彼奈姆森林。我们俄罗斯许多世纪以来一直大放异彩的《鸽书圣经》《金链条》和《丹尼尔·扎托契尼克纪》等其他许多作品，都呼吸着天使形象的空气。

我们当代人不了解这些形象。近一段时间里，俄罗斯文学发生了难以置信的钝化。几个世纪以前提取出的凝练的东

---

① 即阿尔卑斯神牛，埃及的雄神牛。祭司常按其动作和叫声观预兆，传神谕。

② 埃德加·坡（1809—1849），美国作家。

③ 朗费罗（1807—1882），美国诗人。

④ 乌兰德（1787—1862），德国诗人。

西，现在却像新发现似的被一小堆一小堆地收集起来。我们的艺术家们已有一连几十年不靠任何的内心感受而生活了。他们变成了一些僵死语言的首饰匠、素描家和工笔画家。如克留耶夫，他把一切都当作平整无瑕的英国版画似的田园诗，那里的葡萄都渲染勇敢的鬈发骑士的风格；过去曾钻透围着他的皮壳的木钻，现在却成了这个皮壳的嵌物。他的心没有猜出充满他的诸多形象的秘密，他虽不用发自奥普塔修道院①石板下的声音，却用乡村的奥勃利·勃德斯雷②的花边般的毫无生气的硬茧嵌在像圣坛香炉一样的脚踵上。当然，谁也不会去争论这种镶嵌艺术品的价值所在。穿着树皮鞋的王尔德③和钮扣眼上插着花朵、穿着漆面鞋的王尔德会使我们同样感到亲近。在此我们要指出的是，艺术家所走的并不是这种草场。他追求的是色彩的鲜艳和"通过金项链射落勇士身体中的珍珠般的灵魂"，因为开满神医潘捷利蒙④之花的草场才是艺术家的草场。

借地球上的物体创建空间世界，或者再将其分成几部分，

① 革命前俄国著名的男修道院。

② 勃德斯雷（1872—1898），英国画家。

③ 王尔德（1856—1900），英国作家。

④ 东正教中的圣人名，据传经他祷告，病可以立即痊愈。

这对我们来说并不是什么新的秘密。这一秘密把进行这种活动的理智看成是一只小箱子，里面放满可用来更精美地绣花的工具。这是其本身已有答案的谜语作品。但是在古罗斯，至今在民间，这方面的创作更具表情色彩。人们这样描绘月亮：

　　　西夫卡[①]横蹚过大海，
　　　蹄上却没沾水珠。
　　　秃头的骟马趴在蓝色的
　　　晒草架上瞭望。

描绘露水的语言图案是：

　　　霞姑娘啊，霞姑娘，
　　　美丽的女郎，
　　　到教堂去了一趟，
　　　把钥匙失落一旁，
　　　月亮看见了呀，

------

① 灰白色的马的名称。

285

太阳却将它遮藏。

　　愚痴的未来派步克留耶夫之后尘，也在道路上扭伤了自己的脖颈。他们一边用小说《维依》①中的霍玛·勃鲁特的圆圈描画着自己，一边招摇过市地企图给我们标上我们住所的肮脏角落里的那些垃圾的名字。他们把感情和理智的全部渣滓收存在心中，然后像"夜行人"一样把这束臭气熏天的花捅进我们插着诺亚白鸽橄榄枝②的艺术窗口，未来派溃烂的喉舌在这个畸形儿秘密出生之时就已发出了声音。狂呼着战争召唤的马利内蒂③最先被创作真实之矛戳中。我国的追随者，如马雅可夫斯基、布尔柳克④等由这个饶舌的意大利人喊破了的肚子中生出来的人，注定要遭到溃败。彼奈姆森林是发现于语言和形象中的至今仍隐存的俄罗斯神秘教派的内在力量。未来派的弱点在于他们倒置了松树，把一只乌鸦

――――――――

① 果戈理的中篇小说。

② 据《圣经·旧约全书》载，世界大洪水时，诺亚为知悉水是否消退先后放出乌鸦和白鸽。乌鸦一去不返。白鸽回归时口衔一枝绿橄榄叶，诺亚乃知洪水已退。

③ 马利内蒂（1876 — 1944），意大利未来派作家。

④ 布尔柳克（1882 — 1967），俄罗斯诗人和画家。

放在松树干上，却未能给这棵没有支撑架的松树以生命。他们在空中既没找到湖水，也没有找到小水洼中的水，好把这棵倒置松树的根系浸泡一下。向上的生长已是另一种情形，令松树长大的只是从自己身上剥去树皮的东西，或者像安德烈·别洛夫斯基①的《科季克·列塔耶夫》一样，用双手从身体中像从布袋中似的拖出灵魂。

当科季克遥望天边哭泣，当黑夜向他低语，当星儿飞到他的床上用胡须眨巴眼睛的时候，我们看到，地上的别雷和天上的别雷之间已有着某种联系。我们看到的是一个两端都是脚的人。他已经没有空间，仅有苍天和大地。他的头已不是顶点，而是中心点，两只脚像射出的光线一样从这里伸出来。在这方面，我们的肚脐是这一头脑的象征意义的最好解释者，同时也说明我们的使命是把天地融合在一起。人体分为两个光圈并不是无缘无故的，肚脐以上的部分受太阳的影响，以下的部分则受月亮的影响。这里明哲地解出了对人类向往空间的意义的答案，这里隐存着表明我们使命的符号。读懂这些符号的含义之后，我们就会猜出，现在推动着我们

---

① 即下文提及的别雷。别雷（1880 — 1934），俄罗斯作家，《科季克·列塔耶夫》的作者。

287

大脑车轮的乃是月亮，我们是在月亮空间中思考，我们刚刚开始进入太阳的空间。凭着未来派借以走向太阳空间的那些手段，他们想进入太阳空间，其难度并不亚于骆驼钻过针眼，因为升天的快乐早在几千年前就预示神秘教徒未来派了。未来派之所以不能进入太阳空间，还因为他们没有献出自己的身体，也没有了解骷髅地①。对于心灵来说，骷髅地之所以被铭刻着，不仅是因为基督被处死在十字架上这一事实，还因为宇宙的全部和谐。在宇宙中，以光圈交叉的法则为基础，形成了对于我们来说可见和不可见的各种形式。神秘教徒预见到荆冠和疗疮，走向这基督遇难的十字架。他知道，在天上行走的人，会摸着他的头顶，与他一起组成上面挂着身体和木牌的十字架符号。

但是，他还知道，正是因为确实被超升在十字架上，基督才最终得以进入从月亮到太阳的空间，只有经过骷髅地，他才能在升天见父（即见太阳空间）的过程中在埃勒昂（月亮）的掌心中留下足迹。当代的暴风雨也应该加速使我们从地上的进展进入宇宙的进展。我们认为，双眼仅盯着一个狭窄的空间，那是一种罪过；现在，我们中间不理智的人和并非天

---

① 又译作各各地，为基督遇难地。

生听到太阳王国的人的阴影，力图窒息一切从心灵走向理智的声音，对此必须进行无情的斗争，就像反对旧世界那样。

他们想用无果而生的、可恨的无花果树般的双手紧紧箍住我们；我们应当呐喊，所有这些无产阶级文化派成员都是鞭笞人类创作的旧样式的树条鞭。趁他们还没有把我们新时代这个幼体鞭死，我们要把他从他们的兽掌中抢救出来。我们应当像哈姆雷特对撒谎的内侍吉尔登什滕说的那样对他们说："你们见鬼去吧！你们以为把我们当乐器要比吹长笛还容易吗？随便你们把我们称作什么乐器吧，你们可以搞乱我们的音调，想把我们当乐器要却办不到。"人的心灵是如此复杂，以致很难将其局限于某一生活旋律或者奏鸣曲的一定的音响范围中。在任何范围中，它都会发出声响，像风车的水，像渗漏出堤坝的水，又像在为拦截这水的人们咂吮忧愁，因为当它刚挣脱疯狂的奔流的时候就已把这些人化为乌有。在这一过程中，它消除了君主主义，也消除了古典主义、颓废派、印象派和未来派的圈子，它还将消除出现在它面前的所有垃圾圈。

目前，人类灵魂的任务是如何走出月亮圈。我们正在脱离旧的资本主义生活的思维，我们不能像有些人那样来创造我们的创作形象。现仅以克留耶夫的形象为例：

> 林贝王掌管森林一千年，
>
> 向万物索取秋日的供奉；
>
> 向兔儿要毛，向马要淡黄的毛，
>
> 向白杨索取硬铜币一捧。

　　这一形象是以被革命磨损的日常生活的饰物为基础而形成的。我们不能否认，这一形象是很美的，但是它只是我们更新了的心灵的房屋中的一具尸体，因而属于大地所有。之所以属于大地，还因为这一形象使克留耶夫在更新人类灵魂的这一段最神圣的日子里竟然赞颂凶杀，说什么"凶杀比祭杯更神圣"。把圣乔治[①]置于马上的这一古老的实行宗教裁判的旧正教，用矛头戳中的不是蛇，而是基督本人。

　　用旧生活的文化创造形象的种种手段都是应该消亡的。这些手段或者应该在自己语言的蛋上孵出幼雏，或者应该像不再喧响的水流而沉逝于忘川[②]。我们总是反感某些监护

---

① 相传为古代基督教殉教者。

② 即希腊神话中的勒忒河。喝一口忘川之水就会忘记人间和世事。

人在艺术本质的领域中指手画脚，原因正在于此。他们借助工人的双手为大人物建纪念碑，可农民却打算给母牛建纪念碑。他们不理解太阳空间的文化，而渴求光明的心灵却不愿屈从于它早已熟知的、早已过时的狭窄生活的俗套。我们面临着一件新的象征性的黑色长袍，很像是东正教用自己的黑暗遮住真理阳光的那些手段。但是，我们一定会战胜黑暗，我们还要把它撕碎，就像撕碎遮住我们宗教团体的太阳的人们的那件长袍一样。我们的生活像狂猛的旋风在向前飞驰，我们不惧怕这些障碍的阻挡，因为酝酿于大自然中的旋风也会朝我们的双眼袭来。真正优秀的人民诗人谢尔盖·克雷契科夫[①]说得太对了。他告诉我们：

> 日出前的骑兵队飞也似的驰骋，
>
> 消失在齐胸深的迷雾中。
>
> 小白桦也都弯腰告别，
>
> 仿佛要踏上遥远的征程。

他最先看到，大地启程了。他看到，这支日出前的骑兵

---

① 克雷契科夫（1889—1940），诗人和小说家。

队在把大地送往新的土岸。他看到，坐在大地之上的小白桦都在向我们古老的运动轨道、古旧的空气和古旧的乌云告别。

的确，我们已经启程了。之所以如此，是因为大地已吸够了空气，它为这片天空画了图像，而它的图像已无立锥之地了。大地在追求新的天空，寻找一处未涉足的位置，以便用新的图像和新的手段向更遥远的地方进军。压制神秘教圣灵的人们忘记了民间已有关于七重天的秘密。他们嘲讽民间传说中支撑大地的三头巨鲸，他们没能理解，这正说明大地是在游动着的，黑夜是巨鲸潜入深海寻觅食物的时光，而白昼则是它们在海中继续远游的时光。

我们的心灵就是山鲁佐德①。她并不怕山鲁亚尔会杀他奸污过的女郎，因为一千零一夜那航船和布满天空的天神在保护她。我们祖先的苦恼使我们不得不借助他们的雅各之梯②来拯救语言、思想和形象的装饰图案，我们为正在从地球上荡涤旧的循回中的生命而感到欣慰，因为在艺术的方舟

---

① 见《一千零一夜》：国王山鲁亚尔痛恨王后与人有私，杀之后，日娶少女，翌晨杀掉，宰相的女儿山鲁佐德自愿嫁与国王。她讲了一千零一夜的故事，终使国王醒悟。

② 据《圣经》载，雅各施计巧夺其兄弟以扫的福分后，为躲避以扫的杀害而出逃。路宿荒郊，夜梦天梯，故名。

里已没有不洁净的雌雄动物①的立足之地。现在在无产阶级文化建设中出现于我们面前的东西，我们称之为"诺亚放出乌鸦"。我们知道，乌鸦翅膀是沉重的，它的航程是不远的，它终究会摔落到地上，不但会飞不到陆地，甚至会望不见陆地。我们知道，乌鸦是不会回来的，我们知道，只有白鸽的形象，才会给我们衔回橄榄枝。白鸽形象的双翅是由人的信仰连接起来的，这不是由于阶级意识的信仰，而是由于他周围的永恒殿堂意识的信仰。

---

① 据《圣经》载，大洪水来前，耶和华吩咐诺亚把洁净的和不洁净的动物一公一母地放进方舟内。

叶赛宁

关于无产阶级作家

1918－1919 年

杨怀玉　译

用一把古旧的焊接结实的圣刷为高尔基洒圣水。生活中人们偏爱对来客评头论足，说他宛如"夜半"执烛夜行的新郎。

无产阶级作家的作品集发出的第一缕幽微的灯光触动和照亮了人们的内心世界。于是寻求理想生活的心灵小心翼翼地用双手呵护着风中摇曳的如豆之光。

但是还不能说在这两本集子的书页上阿波罗与集体主义精神的表达者已经和睦共处。

世间有智者和先知先觉者幸福之至的隐忍不言，也有象征派乖张不堪的拙口笨舌，但还有哑症和愚钝的口吃。也许这样说有点刻薄，但那些应着工厂激昂汽笛声的召唤，踏着春光迈进铁和花岗石筑成的花园里的人们毕竟还是以上述最后一种方式在沉默。

除了汽笛还有歌声的召唤和文字的考验，在古代达基尼的庆典中，歌曲创作者们像在刀枪比武的庆祝活动中那样相互比试。但是代表着新文化和新思想的代表者们所刻画出的花纹并没有显示出特别的精美考究。他们在文学的诸多方面还像是蹩脚的学步者或像是我们自古就熟知的旧生活准则的非难者，他们自己并没有创造出什么来。我们即将读到的是诗人基利洛夫豪气冲天却空洞无物的诗行：

> 我们以明天的名义发誓，
>
> 一定要烧毁拉斐尔，
>
> 一定要踏碎艺术之花。

我们都知道空桶运送时总是颠得格外响。我们当然不可能看不到，也不可能不理解这些诗行是为祝福未来而抒写的。这里没有未来派作家根据尼采的宗教颂歌，以上个世纪残忍狡诈的智慧对待索菲亚教堂的，罪恶的赫洛斯特拉特主义①。基利洛夫慨而慷地写出这样的文字却不能为之确立任

---

① 赫洛斯特拉特主义源于古希腊人赫洛斯特拉特。他为了扬名，于公元前 356 年焚烧了古代艺术的优秀作品——阿泰密斯神庙。

何内在根由，只能干巴巴地指出，"明天"即将来临，"我们都会吃饱饭的"。

一个人如果感到世界上有个美国，可仅是感觉而已，他不知道也不力求踏上那片土地，那么他距离哥伦布的影子都还很远。他不过是那轮坠入地狱使万物得救的太阳所发出的一丝丝透过稻草捆般的氤氲云烟的微光而已。他甚至也算不上开拓者，因为开拓者手中持有收放自如的套索。修女黝黑的手中闪闪发光的套索甚至对开拓者来说都是远不可及的。因此，我们在这两部选集中所能听到的仅是从母腹中挣扎着探出小脑袋的新生儿微弱的啼哭。当然，谁又能不欢迎幼婴最初的蹒跚学步，而看到他小心移步，左摇右晃，凭着本能寻求支撑时，谁又能持久地微笑？请看，伊万·莫罗佐夫柔弱的身躯在微微颤抖。这个可怜的孩子前俯后仰，如黑麦田里风中摇摆的矢车菊。请您仔细看他的诗，诗行与诗行恰似那踉跄的双腿相互磕绊：

叶落的阴雨天弥漫着阴冷的伤感，

造化满面愁容，烦乱了敏感的心灵，

已听不到荒园灌木丛中迷人的歌声，

白杨如无依的乞丐孤零零地倚向窗棂。

在这里，他混淆了左右腿；在这里，孩子般的柔韧性使得诗的衔接处出现了某种磨痛脚跟的舞蹈。请把第二行放在第三行的位置，而把第三行放在第二行，其结果便会得到一首完全是另一种选音结构的诗：

叶落的阴雨天弥漫着阴冷的伤感，

已听不到荒园灌木丛中迷人的歌声，

造化满面愁容，烦乱了敏感的心灵，

白杨如无依的乞丐孤零零地倚向窗棂。

这样的诗行即便是刻意追求也很难想得出来。建构不稳的诗行与根梢倒置的松树相仿，其思想内涵仍几乎没有改变。自然，这只能说明思想本身的苍白，说明这里根本没有过真正的思想。这里只有机械得如同录音效果一般描画出的被压坏的干枯花片，甚至连花纹都没有，但有些人刻划的花纹匠心独运，比如，康得拉特·胡佳可夫，有时甚至是相当精美鲜艳，毫不逊于许多当代大师的悉心描绘之作：

298

老婆婆点灯把跳蚤抓，

跳蚤躲在衣服里，

"老婆婆，世上谁最强大？"

"最强大的是上帝。"

油灯影登上墙，

像灵巧的猫爬去爬来，

"老婆婆，趴在窗上，

看着我的，是什么鬼怪？"

然而这只是花纹而已，连胡佳可夫也没有以更强烈的诗歌灵感之火温暖心灵的油彩，他只用柔弱的画笔勾勒出装饰图案的原始线条，正是这图案教给了行敷圣油礼时祝福的话语。

因为"艺术"一词的词根（"искус"）是指对我们周围世界的反映。创作不是反映，它与艺术大相径庭。艺术是古代的艺术品，存在于完成的线条中，创作则存在于寻找线条的过程中。

新艺术圣殿的营造者们不妨对此有所了解，以免误入歧途，仅局限于巩固地球上新的生活方式。世间重要的是预见新创作灵感前行的轨迹。我们欣赏的不是现在"已有的"，而是未来"将有的"。

这就是为什么处于无产阶级创作链条中的米哈伊尔·格拉西莫夫会成为其中光彩夺目的一环而博得众人青睐的原因所在。他从肉体中掷地有声抛撒出的不是露骨的无产阶级赞歌，而是包藏在肌肉匣子里，被"我"的概念束缚着，沉醉于熟悉亲切的从铁水中诞生出的智慧的无产阶级本身。

> 在这里往伛偻的脊背上，
> 倾倒炉渣、钢铁和煤。
> 哦，真愿像那追波逐浪的海豚，
> 不再听锅炉和涡轮的轰鸣，
> 只飞快地奔向黎明的远方！

遗憾的是在新出的这本作品集里，格拉西莫夫的作品篇幅很小。

> 挂满星星串的基督棺布上，
> 躺着月亮冷冰冰的僵尸，

像百只烟囱扎进天空，

像一根根生锈的钉子。

这些刊登在《飞火工厂》中的诗行表明在诸多诗人中格拉西莫夫绝非等闲之辈。

唉，作品集中选取的艺术散文几乎毫无令人称道之处。中篇小说《任性的女人》是根据波捷欣和扎索基姆斯基样式造出的含糊不清、杂乱无序的胡言乱语，至于短篇小说，不知是抒情性的剪影呢，还干脆是不堪入目、零乱纷杂的生活趣闻。在这样的生活中一切都发生了错位，人人事事几乎都闪烁着同一单调的光。

无产阶级作家的散文和诗创作情况大抵相同，都没有找到适合自己的道路。散文创作中只有被往昔折磨得惨白的比比克和因《尼涅》而显得十分孱弱的贝斯萨里科尚值得一提。

在即将结束这篇关于无产阶级作家作品集所推新人的短评时，我还想强调这一点：他们的道路从整体上讲还没有定型。只是树起了第一批里程碑，但格拉西莫夫正循着它们的指引一步步迈向探寻艺术奥秘的幸福之路，仅此一点就很可喜了。

叶赛宁雕像

风习与艺术
（《词语的图案》一书的片段）

1920 年

李毓榛　译

　　这篇短文是奉献给我那些崇尚形象至上的流派中的同行们的。

　　在我的同行们看来，艺术只是作为艺术而存在罢了，它不受生活和生活方式的任何影响。我至今仍受到责难，说是理性学派的气味还没有从我身上清除掉，因为理性学派认为艺术是服务于某种思想的。

　　我的同行们热衷于词语形式的视觉譬喻，他们认为，词语和形象就是一切。

　　但是，恕我不揣冒昧地说，对待艺术的这种态度是极不严肃的，这样谈论表面印象的艺术，谈论装饰艺术是可以的，但是如果涉及真正严格的艺术，却是绝对行不通的，真正严格的艺术是表现理性的内在要求的重要手段。

任何一种艺术形式，不论语言、绘画、音乐，还是雕塑，都不过是人的庞大的思维机构的微小的一部分；艺术的所有这些形式都是人本身所具备的，而且是人必不可少的武器。

艺术，这是受人支配的种种形式。人通过语言、音响和动作向另一个人表达他所了解的内心世界和外表现象。凡是发源于人的东西，都会产生人的需要。从人的需要之中产生出风习，在风习中诞生了我们的观念之中的人的艺术。

为了从艺术总体上来理解艺术，我想给我的同行们指出艺术和风习的关系多么密切，他们大讲艺术独立性又是何等错误。

如前所述，艺术的种类，极为多样。在研究语言艺术之前，我们不妨先研究一种极其简单肤浅的艺术，人的衣着艺术，我们不妨对我们西徐亚人的时代做一次神游。我们会记起摩尔人、布吉特人和萨尔马特人。

希罗多德①描绘西徐亚人时，首先谈到了他们的风俗和衣着。西徐亚人脖子上有金银颈饰，手上戴着镯子，头上戴

---

① 希罗多德（前484—前425），古希腊历史学家，被称为"历史之父"。生于小亚细亚哈利加纳苏，著有《希腊波斯战史》。

着头盔，身披马蹄缀成的斗篷。这种斗篷可以充当他们的铠甲。下身的衣服是肥大的灯笼裤和短罩裙。你如果仔细注意这番简短的描绘，你会立即想象出这副装束的全部原因，在你眼前便会不由自主地浮现出这个狂暴的、体格匀称的、威武好斗的民族。你立即会感到，他需要金银颈饰是为了保护脖颈不让敌人的剑砍伤，他们用头盔保护头颅，用手镯保护手腕，而斗篷则护卫着他的两肋和后背。

人之需要音乐，正如人需要衣着一样。我们知道，乐曲的产生过程是和盾牌、武器的产生过程没有什么两样的。

音乐的效力主要反映在血液上。声音似乎既能使血液激荡沸腾，也能使它平静宁息。不仅古代吹着笛子玩蛇的人知道这个奥秘，而且今天我们的牧童也不自觉地懂得其中奥妙，他们总是对着牛群吹奏角笛。难怪蒙古人说，小提琴的音乐能够使骆驼落泪。声音能使人拘谨呆滞，也能使人放纵不羁，能够力挽狂涛，也能疾风暴雨般地推波助澜。这一切早已是尽人皆知的事实，而且早已在这个基础上确立了英雄歌曲、叙事歌曲、葬礼和婚礼歌曲的定义。

谈到语言，我们同样看到，它的意义和人的上述几种需要是完全一样的。

语言，这是人周围的一切事物、一切现象的形象；人可以用语言防守，也可以用语言进攻。不代表事物和物体的语言是不存在的，它同生活是不可分割的，就像涉及万物、包罗万象的艺术的整个家业和生活不可分割一样。甚至那种完全无益的衣着、音乐、语言的艺术，也毕竟是日常生活运动的直接产物。它是日常生活的伴侣。

现今的项链、戒指、手镯，难道不正像我们的远古祖先那威武铠甲的一片吗？那些催动青春少年、妙龄女郎忽而春情勃发，忽而忧郁悲伤的动人的浪漫曲，难道不正像音响对蛇和牛的效力吗？语言是什么？难道不正像原始人的陈设物品的蓝色的残骸吗？是的，风习和艺术是不可分割的。辞格，这已是风习，而艺术则是最鲜明的修辞行为。

我的同行们不承认语言和形象结合时的顺序和一致关系。我想告诉同行们，他们在这个问题上是不对的。

形象的生命力是巨大的，有盛衰起伏的。它有自己的年龄，它的年龄是以若干时代为标志的。最初是给予事物以名称的语言形象，语言形象之后有了修饰形象、神话形象，神话形象之后出现了类型形象，或者叫集合形象，类型形象之后又有船只形象，或者叫双重视觉形象，最后是天使形象，或者叫发明家形象。关于这些形象，我们在《玛丽亚的钥匙》一书中偶尔谈到过。

词语形象举例如下。我们先看没有词语的形象。在我们面前是蜜蜂一连串不清不楚的声音：

乌——乌——乌——乌

布——布——布——布

在人的意识中就浮现出声音"布"所确定的行为；事物一旦形成概念，便固定不变了，这个概念便是词语的形象。装饰形象，或者叫神话形象，是用一种事物或现象和另一种事物或现象相类比：

树枝像伸出的手臂，

心脏像耗子似的跳动，

太阳像一洼水似的平静。

神话形象的意义还在于对自然现象投以人的光辉。

因此才有下雨的雨神和轻浮的赫柏①，她

雷鸣巨杯倾自苍天，

嬉笑声中把大地洒遍。

所有的神的形体以及野蛮人的英雄人物的姓氏绰号，都是在神话形象的基础上产生的，例如："梅花鹿""红色的风""猫头鹰""枭""咬残的太阳"等等。

类型形象，或者叫集合形象，是和人有关的外表形体和内在气质的综合的形象。

外表形象：

渡口似的鼻子，

内在形象：

磐石般坚强，

清风般轻浮。

---

① 赫柏，希腊神话中宙斯与荷莱的女儿，象征青春常在的女神。

船只形象，也就是双重视觉的形象：

月罐快把午夜照亮，

去舀取白桦的乳浆。

船只形象非常近乎装饰形象，只有一点不同，即装饰形象是固定不变的，而这种形象能够轮转。

天使形象，或者叫发明家形象，是把运动或者现象，如同事物，用语言体现出来。一切技术物体的发明，以及带有感情色彩的创造，都是基于这一种形象的感觉。物体的天使形象：飞地毯和飞机，火鸟的羽毛和电，自行雪橇和汽车。一些看不见摸不着的、非物质的名称，当它们刚刚作为一种预感，披上名称的外衣时，全依赖带感情色彩的天使形象存在，例如虚的国度"乐土"的感觉，某种虚幻的、难以名状的到来的感觉，如：奇妙的客人。

这样，我们为形象的流动性选择概念，并把这些概念置于它们所独有的形式之中，我们就会看到它们的流动和轮转都相互协调一致，都有规律可循，如有违反，一眼就能发现。

我们的整个生活恰似由一幅幅的图画来填充一块巨大的

洁白的画布。

例如一个农民在窗前栽种一棵白柳或花楸树，他实际上已经依照气候历法的种种限制为自己描绘出一幅精确而又严谨的生活的图画。我们的每个步伐、每道辙印都是我们一生图画上的必不可少的线条。

不揣冒昧，我要向我的同行们指出，这幅画上的每一条线都和一般事物的规律保持严格的一致。我们国家的气候历法使我不得不向我的同行们指出，这些规律是何等必不可少和不可违抗。我的同行们像连字符似的躺在这些规律上按他们预定的方向旋转。无论他们说什么反对的话，这个规律仍将发挥自己的作用，就像日历图这种东西在我们俄国普通老百姓的日常经济生活中仍将发挥作用一样。

北方老百姓不会在窗前栽种柏树，因为他懂得事物和现象的因果关系给他暗示的规律。他只栽种能适应北方风雪的树木。

你不妨留心看看大俄罗斯日历上的格言，那上面处处都反映出它和事物，和自然力发生的地点、时间及作用之间严格的协调一致。所有这些"玛利亚点亮雪原""峡谷狂风大作""阿芙多蒂娅水漫门槛"以及"菲杜莉小姊妹"等① 都是基于对本国情况最清楚的了解而构成的。

我的同行们没有广义的对祖国的感情，因此他们的一切都不协调。因而他们自然就欣赏不和谐的声调，让它连同那股令人作呕的丑角般矫揉造作的气味充塞自己的灵感。

阿纳托里·弗朗斯有一篇描写技巧运动演员的绝妙的故事。这个技巧运动演员在圣母面前没有做例行的祈祷，而是在秋千上做出各种各样的把戏。这种感情我的同行们就没有。他们对任何东西都不顶礼膜拜，却只喜欢一种毫无意义的马戏动作，其中做了许多令人目迷头眩的腾跳，但统统不过是些无的放矢的矫揉造作的体态而已。

然而，生活所要求的，只是它需要的东西，因为艺术只不过是生活的武器，所以一切不必要的东西都要被摒弃，就像摒弃一切不和谐的东西一样。

① 这些都是根据宗教故事、民间传说而在历书上规定的类似预测气候、自然现象的谶语。什么日起风，什么日下雨、打雷等，虽带迷信色彩，但在一定程度上反映了自然界的变化。

《一个寻衅闹事者的诗》引言

1923 年 3 月 20 日

杨怀玉　译

我感觉自己是俄罗斯诗歌的主人，将三六九等各色语汇纳入诗歌语言。我的诗中没有龌龊的词语，有的只是龌龊的概念。我并不为自己的坦诚直言羞惭，倒是读者和听众会感到不自在。词语是民众，我是它们的统帅。我偏爱佶屈聱牙的词汇，将它们如入伍新兵一般编入队列。今天它们还是反应迟钝，动作笨拙，明天在言语的行列中它们便会和整个队伍步调一致。

这本集子收录的并不是我的新作，主要是我精选的有代表性的作品和自诩的佳作。《莫斯科酒馆之音》中最新创作的四首是首次与读者见面。

叶赛宁的外祖母

《作品集》序[①]

1924 年 1 月 1 日

杨怀玉　译

这本集子收入了我 1912 年以后除少数几篇外几乎全部的作品。几部长篇《坏蛋们的国度》《普加乔夫》等辑入了第二卷。

我所有的作品都是个人情感与个人思考的结晶。本不需做这篇序，因为读完我的诗读者就会有同感，但是对于个别时期的创作还有进一步说明的必要。

最须慎重对待的时期是我信教的时期，它最为鲜明地体现在我早期的作品中。我并不认为这个时期是创作上属于我的时期。它只是我汲取文学养分的必要条件，也是我文学活动初期经常交往的圈子得以存在的前提条件。

---

① 这篇序是叶赛宁特地为自己从 1923 年下半年起不止一次地想出版的《作品集》撰写的。

从我早期的诗作中可以看出我所受外祖父的深刻影响。从我3岁时起他便开始向我灌输古老的东正教宗法制文化。少年时的我又被外祖母带着拜谒了俄罗斯境内几乎所有的修道院。1913—1915年间，与我往来的文学界人士所抱有的心态与我外祖父、外祖母比较接近，所以，我的诗那时被广泛接受并为人津津乐道。他们对于我作品的兴致却是我如今唯恐避之而不及的。

我根本不是宗教信徒，也不是神秘主义者。我是现实主义者，如果说我身上有一些令现实主义者捉摸不透的东西，那便是浪漫主义精神，但不是旧式的温情脉脉和女性崇拜的浪漫情调，而是最真实的世俗浪漫气质。它所追求的与其说是玫瑰或十字架①之类无病呻吟式的酸腐情调，不如说是情节中的冒险主义目标。

勃洛克的崇拜者们不要误以为这是我对他英灵的亵渎诋毁。

我非常尊崇勃洛克，但是在我们的领域他看起来常常像是个"荷兰强盗"，而其他一切神秘主义者则会使我想起耶稣会会员。

---

① 勃洛克曾写过一首诗，题目便是《玫瑰和十字架》。

我愿恳请读者们把我笔下的耶稣、圣母和米古拉①都看作是诗章中的神话成分。把这个时期的创作一笔勾销，全盘否定我还做不到，如同人类无法抹去两千年的基督教文明史。我们应该以同样的观点看待东正教里这些特有的名字，如同我们已视若神话人物的俄西里斯②、奥安尼斯③、宙斯、阿佛洛狄忒、雅典娜等。

阅读我的诗时读者应该主要关注其中的抒情感和形象性。形象性为诸多年轻诗人和小说家们指明了道路。形象并非我个人的臆造。它们无论过去还是现在都是俄罗斯精神和俄罗斯视线的基点，只不过我最早将它们发扬光大，并使它们成为我个人诗歌创作的奠基之石。

形象如同激情和感觉是我生命的有机组成部分，是我的特色，是如同我借鉴他人之长那样值得他人借鉴的。

---

① 米古拉指圣徒尼古拉。米古拉是一种蔑称。

② 古代埃及自然界死而复生之神。

③ 古代美索不达米亚神话中的半人半鱼。

论苏维埃作家

1924 年

杨怀玉　译

在时事急剧变化的革命时代，旧有的风尚已被彻底摧毁而新的时尚还未形成。我们国内的艺术创作便如同这革命的时代洪流狂放不羁。世界陷入混沌之中。忽而分裂，忽而聚合，令人不明所以，瞠目结舌。许多流派和团体蜂拥而起，作家和诗人中竭力维护旧体制的那些人或隐遁异邦，或缄口不语，而另一些则毅然投身革命，激流勇进；还有一些被称为"无产阶级作家"，他们欲以自身为镜反照新风尚的嫩芽，但是，怎么说呢，他们在前进的路上显得力不从心，只会扭捏作态，人云亦云，故而关于他们只能浮泛而谈。我的主要目的是想唤起对同路人作家的注意，不管有怎样的喝倒彩的口哨声，不管其他团体怎样从旁恶毒起哄，他们确是唯一能够触摸时代脉搏、富有才干的作家。

现在可以直言不讳地讲，在小说创作领域我们拥有这样一些名字：弗谢沃洛德·伊万诺夫，鲍利斯·皮利尼亚克，维亚切斯拉夫·希什科夫，米哈伊尔·左琴科，巴贝尔和尼古拉·尼基京，他们确实为俄罗斯的文学艺术做出了贡献。

可以带着个人好恶为这些作家排名列次，也可以对他们一视同仁。因为作家们都还健在，孰优孰劣，难以论定。主要问题还不在于此，而在于他们应运而生，每个人都笔耕不止，以一个艺术家公正不倚的目光、洞察的姿态反映着革命。

我们曾写过若干关于皮利尼亚克的文章，一度对他大捧特捧，几乎捧上了天。忽而莫名其妙地又急转直下，没头没脑地大批特批，并以批评他为时髦。我从一些粗俗的批评家嘴里曾听到这样的言谈："得了吧，他算什么狗屁作家？在革命中除了生殖器，他什么也看不到。"

这种极端愚昧无知的观点只能说明我们批评界不学无术，或者我们的批评家先生们根本没有读过皮利尼亚克的作品。皮利尼亚克是一位才华横溢的作家，或许他缺乏情节的想象力，但他对词语技艺的把握以及他对人物情绪活动的捕捉精巧绝伦。在他的著作《小说素材》和《荒年》中有许多令人拍案叫绝的地方，就描述和抒情插话的功力而言与果戈理相比也毫不逊色。拙劣的批评家或是愚拙的读者总是看不到作家的面孔，他们眼中仅有他的疣和胎记。

皮利尼亚克在他的中篇小说中总是生动形象地描绘好色之徒在俄罗斯大地上对女人的蹂躏。这些完全不是他创作的本质，不过是他特征性的胎记，并不是丑的胎记，而是美的胎记，这种生动性真实无饰，正如同生活本身。

俄罗斯国内外新闻界对伊万诺夫的评价也相当多。他的短篇小说《娃娃》已被译成几乎所有的欧洲文字，并且引起美国记者的兴趣。他们一向认为，文学如果不是一门技艺，那也只能是无聊的调侃。他们称伊万诺夫是西伯利亚和蒙古边区的新风俗派作家。他的《游击队员们》《铁甲列车》《蓝沙》和《岸》中的故事都发生在乌拉尔山东侧，反映的不是俄罗斯欧洲地区而是亚洲地区的生活。伊万诺夫的中短篇小说不仅展示了作者深邃的创作天赋，而且还为我们送来地域风情的清新气息。与他的前辈马明—西伯利亚克、希什科夫和格列比翁希科夫不同，他笔下的西伯利亚是另一派风光。伊万诺夫是为我们铺展蒙古地区野性原始美画卷的第一位作家。他的语言精炼、形象，创作素材丰富多彩，令人耳目一新。除了中短篇之外，他还写了许多美丽的阿尔泰民间故事。

左琴科在西涅布留霍夫短篇小说集和其他一些短文中所展露出的卓尔不群、恰到好处的幽默感令我们激动不已。他的创作有别于契诃夫和果戈理的前期创作，这位作家的前途……①

———————

① 《叶赛宁作品集》（1991 年）编者注：下面文字被删去"非常远大"。

答有关普希金问题的调查问卷

1924 年

杨怀玉　译

一、您现在如何评价普希金？

普希金是我最喜爱的诗人。随着时间的推移我愈加深刻地认识到他是位天才，他属于我的祖国。即使是他的谬见，比如对马泽帕①的评价就有失公允，也令我高兴，因为这是俄罗斯历史形成的普遍认识。

二、您如何评价普希金对现当代及未来俄罗斯文学的影响？

普希金对俄罗斯诗歌的影响在过去是微乎其微。除了莱蒙托夫再也找不到受过普希金熏陶的诗人，那是因为理解普希金是需要天才的。我认为只有自当代起我们才开始逐渐认

---

① 马泽帕是 17 世纪乌克兰的一位执政。他是一个大土地所有者，一贯主张乌克兰分裂，后投靠波兰人。

识到他运笔行文、遣词造句的风格。

三、应该如何向当代的俄罗斯读者介绍普希金？

我并不十分推崇普希金少年时代的诗作。我认为需要先把它们浏览一遍，保留其中的佳作细细品味。他成熟期的诗作中那些偶有所感即兴而写的诗体书信和讽刺短诗也没有必要篇篇俱读。值得一读的是他写给亚济科夫和杰利维格的一些书笺。

瓦·雅·勃留索夫

1924 年

杨怀玉　译

勃留索夫与世长辞了。这一噩耗，令人沉痛，对诗人们尤是如此。

我们都曾聆听过他的教诲，深知他在俄语诗歌发展史中所起的作用。

这位文坛巨匠和大诗人冲破了自 60 年代和 90 年代那批诗人之后诗坛形成的沉闷局面，给诗坛注入了一股清新蓬勃的活力。

我多么希望从报上读到的不是勃留索夫的讣告，而是吉皮乌斯和梅列日科夫斯基的死讯。俄国象征派早已穷途末路，而随着勃留索夫的去世，它最终沉入了忘川。

勃留索夫生前遭到许多人的口诛笔伐。他们喋喋不休地说什么勃留索夫不会写诗，只是个爱耍笔杆的文匠而已，真是无稽之谈！胡言乱语！

勃留索夫的去世，其损失无以计量。他在艺术上是一位革新家。正当文字趣味靡弱，直至对纳德松垂泪的时候，是他首先把反对千篇一律的呼声变成了一句名言："哦，快遮住你苍白孱弱的双脚！"

他留下的众多美诗曼文都曾是我们成才的基础。

勃留索夫率先打破了诗韵的框限，开创了词首音节协韵的节奏。他的谢世造成的巨大损失更在于他一向欢迎诗歌创作的新生事物。在以他命名的文学院里造就了并成长着纳谢金、伊万·普里布卢德内依、阿库利申等一批诗人。他关注所有有才华的人和书。在生命最后的日子里，他完成诗歌创作的使命后，便充当起诸文学流派论战的仲裁人。勃留索夫深知世代的变迁永远落在青年肩头。正因为懂得此理，他才写下了歌颂匈奴人的精彩诗篇：

> 我放歌赞美你们，
>
> 我远来的毁灭者们。

勃留索夫是追随十月革命的先行，是与旧俄知识界决裂的先锋。亲手将自己旧时代的作品全部抹去并不是每个人都能做到的，勃留索夫却做到了。

在文学事业的捕鱼淡季这样的人物一个个都在离去，实是可悲可叹。

举着单柄望远镜观望①的夫人

类书信（谈人所共知的事），1924－1925年

杨怀玉　译

　　我初涉诗坛时曾借路过圣彼得堡的机会拜访过勃洛克。我和他探讨了许多诗歌方面的问题。当时勃洛克就马上提醒我："你不要听信这女人的鬼话，尽管连高尔基都认为她聪明，但在我看来，她只是一个卑劣愚蠢的女人。"也许他这样说是遵照伊万诺夫·拉祖姆尼克的嘱咐吧。

　　勃洛克在我拜访他时讲的一席话开始启发我用更怀疑的目光看待梅列日科夫斯基和吉皮乌斯。多年以来占据我创作视野的只有菲洛索洛夫。我与他经常通信，时而面谈，时而诗谈。毕竟克留耶夫还以菲洛索洛夫为题写过诗，并对他和梅列日科夫斯基夫妇一起做过总结。

---

① 单柄望远镜原是法语词，在法语中"用单柄望远镜看"意思是小题大做，大惊小怪。

——梅列日科夫斯基是何等人物？

——他绝对不是法朗士①。

——吉皮乌斯是何等人物？

——一个写诗的女人，平庸无能，心胸狭隘。

梅列日科夫斯基在《闪电》②报上辱骂我是无赖，吉皮乌斯则讥笑我是阿尔丰斯③，是一个曾穿着毡靴招摇过市的乡巴佬。

她一边把望远镜对着我的脚审视一边发问："您这是穿的什么新潮护脚套呀？""这是我打猎时穿的毡靴，"我回答，"您总故弄玄虚。"

后来梅列日科夫斯基继续对我笔伐，大骂我是"阿尔丰斯，酒鬼，布尔什维克！"我则当面回敬："傻瓜，笨蛋！"

从艺术的意义上讲为梅列日科夫斯基和吉皮乌斯望尘莫及的克留耶夫曾说："当兵的在大便呢。有篱笆门和栅栏的

---

① 法国诗人、作家。

② 原文为法语。

③ 是都德《阿尔丰斯先生》中的主人公，已成为靠女人养活的情夫的指代。

地方，梅列日科夫斯基都以为是教堂。"[1] 确实，教堂的列柱和栅栏的木桩是有几分相似。吉皮乌斯夫人，您不是想要洛里干[2]吗？您在《金羊毛》[3]上的那张肖像中不也穿着从索莫夫[4]肖像上取下的那种男外裤吗？

夫人，您卑鄙无耻，谎话连篇，您费尽心机扩大个人影响力。您现在主张"流派存在的基础是共同的价值认同"。这是您亲笔所书。可是愚蠢至极的夫人，连什克洛夫斯基都还记得您亲口讲过，后来也写过，只要他是艺术家，就不必在意"'靠边的'农舍是在左边还是在右边。时代不同了"。这话是您说的。

您出卖灵魂，在这个问题上又自相矛盾。您同一切反革命的无耻之徒是一路破烂货色。

这一判断并不适用于我们。您所走的对我们视而不见的道路有目共睹（尽管您也为我写过颂扬文章）。

在您面前没有通往苏维埃俄罗斯的道路，尽管如此，将

---

① 这句话指梅列日科夫斯基良莠不分。

② "洛里干"是法国一种香水的品牌，在这里用作讲究打扮的标志。

③ 法国杂志名。

④ 俄国旅法画家。

来您还是可以带上您的贝德克尔 ^① 以观光者的身份遍游苏联全境的。

叶赛宁的葬礼

---

① 贝德克尔（1801—1859），德国出版商，1927年，他在科布伦茨创立各国旅行指南出版社。"贝德克尔"一词已成为旅行指南的代称。

译后记

本书所译叶赛宁的书信由译者另加标题，重排时间、地点、收信人的排列顺序，以便我国读者按内容、时空、对象的顺序进行查阅外，其他均保持原文的原有状态，如有些信缺落款，有些信缺抬头，等等。

书信，与文学作品不同，是人们交流思想感情的简便的书面形式，对生活的反映并非都经过艺术的概括，语言也并非都经过再三推敲，更并非都字字玑珠，句句闪光的，但由于它和日记有相近之处，直接记录下心灵的轨迹，具有可贵的原始性和很高的可信度。它对于同一位作家所写的文学作品来说，无疑是有权威性的诠释。因此，叶赛宁的书信，对研究诗人的时代背景与创作动因，对探索诗人的心灵世界，对捕捉诗人形象思维的走向，对把握诗人的语言特色，对剖析诗人的审美理想很可能是一种"踏破铁鞋无觅处，得来全不费工夫"的信息。如，为什么叶赛宁如此放心不下正在离去的罗斯，为什么他对俄罗斯的传统如此入迷，为什么他对大自然如此忧心，为什么他对大变革年代如此存有疑虑……都可以从本书的一些信件中找到答案。

本书有 4 封信是 1985 年叶赛宁诞生 90 周年时我为《国外文学》组过的稿。其中除杨树海译《致拉·瓦·伊万诺夫—拉祖姆尼克》未及刊载外，邓勇译《致叶·伊·里夫希茨》和《致安·鲍·马里延果夫》，杨树海译《致加·阿·别尼斯拉夫斯卡娅》均曾刊登在《国外文学》1985 年第 4 期上。对于他们给我的支持，我表示感谢。

书信按理说比较好译，因为它比作品平易些，其实并不尽然，有些地方比作品更难啃。这是因为：一、书信是专写给收信人看的，不像作品是写给所有人读的，不少语境对局外人颇费猜详。二、书信比起作品来在语言上的推敲、润色方面显然要差得多，特别是一些不够规范的说法给外国读者造成难点。三、叶赛宁素好用梁赞方言，在书信中更无所顾忌，他写时更不会想到若干年后还会有外国人来译他的书信。译者在翻译过程中得到不少老师和朋友，特别是北大俄语系桑枫教授的大力帮助，此外，还得到俄籍教师丽达·罗伯尔托夫娜·维特钦金娜女士的答疑，在此一并深表谢意。

书后的《附录》纳入叶赛宁为数不多的全部文论共 13 篇，其中除白伟译《玛利亚的钥匙》和李毓榛译《风习与艺术》曾由我组稿分别在《国际诗坛》第3辑（1987年8月）和《叶赛宁评介及诗选》（北京大学出版社，1983年3月）上刊用过（此次编者作了校订）外，其余11篇全是由我正在指导的硕士研究生杨怀玉一人新译的。在此，我对这三位文论译者给我的支持也表示感谢。《附录》不仅填补了叶赛宁书信在篇幅上的不足，而且使书信与文论相映生辉，更提高了本书的学术价值。

顾蕴璞

于承泽园

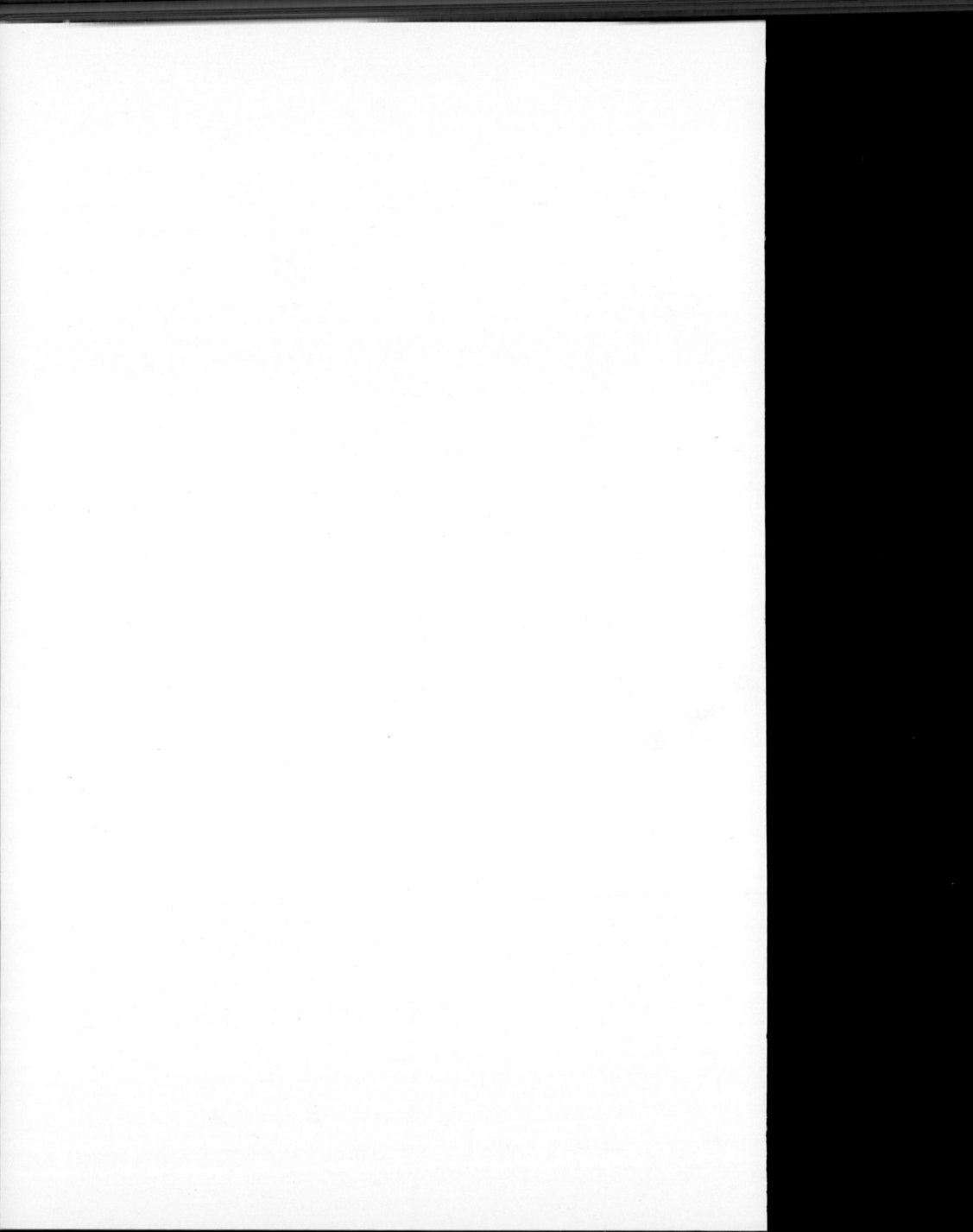